Monika Hannawacker

Zirkuslektionen

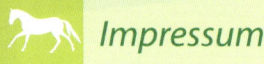
Einbandgestaltung: Nicola van Ravenstein, r2

Titelbild: Archiv Monika Hannawacker

Bildnachweis: Archiv Monika Hannawacker

Alle Angaben in diesem Buch wurden nach bestem Wissen und Gewissen gemacht. Sie entbinden den Pferdehalter nicht von der Eigenverantwortung für sein Tier. Für einen eventuellen Missbrauch der Informationen in diesem Buch können weder die Autorin noch der Verlag oder die Vertreiber des Buches zur Verantwortung gezogen werden. Eine Haftung für Personen-, Sach- und Vermögensschäden ist ausgeschlossen.

ISBN 978-3-275-01831-4

Copyright © by Müller Rüschlikon Verlag
Postfach 103743, 70032 Stuttgart
Ein Unternehmen der Paul Pietsch Verlage GmbH & Co. KG

6. Auflage 2024

Sie finden uns im Internet unter www.mueller-rueschlikon-verlag.de

Gesamtleitung: Claudia König
Lektorat: Angela Saur
Innengestaltung: Kerstin Diacont
Druck und Bindung: DZS Grafik d.o.o., 1210 Ljubljana
Printed in Slovenia

Inhalt

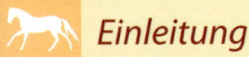
Einleitung

Einleitung

Zirkuslektionen sind eine wunderbare Art, sich mit seinem Pferd zu beschäftigen. Noch vor einigen Jahren war es für den »normalen« Reiter undenkbar, seinem Pferd das Kompliment oder gar das Liegen beizubringen. Es ist sehr schön, dass es nun durch vielfältige Anleitungen immer mehr Menschen versuchen.

Doch Zirkuslektionen sind wesentlich mehr, als nur dem Pferd einige Kunststückchen beizubringen, und die Anleitungen dazu sind sehr vielfältig. Da ist es nicht so einfach, für sich und vor allem für den jeweiligen vierbeinigen Partner das Richtige herauszufinden. Dass das oft nicht gelingt, habe ich auf Kursen schon öfter festgestellt. Vielmals fehlte mir das Eingehen auf die Persönlichkeit des einzelnen Pferdes. Es gibt keine richtige oder falsche Methode, lediglich die richtige Methode für das jeweilige Pferd.

Durch meine Erfahrungen mit meinen eigenen und fremden Pferden habe ich daher versucht, mögliche Probleme schon im Vorfeld zu vermeiden und einfache Problemlösungen aufzuzeigen. Dabei sollte man sich nicht auf einen Kampf mit dem Pferd einlassen, sondern ihm die richtige Lösung so angenehm und einfach wie möglich machen.

Nachdem ich selbst einige Kurse zum Thema Zirkuslektion besucht hatte, habe ich mit meinen Pferden selbst weiterprobiert, und da ich drei sehr unterschiedliche Typen habe, musste ich mir auch unterschiedliche Strategien ausdenken, um ihnen die Zirkuslektionen näher zu bringen. Etliche Freunde und Bekannte haben mich mit meinen Pferden gesehen und um Hilfe mit ihren Pferden gefragt. Daraus entwickelten sich nach und nach meine Kurse, die mich mit sehr vielen unterschiedlichen Menschen und Pferden zusammenbrachten. Da immer wieder die Frage nach schriftlicher Unterstützung aufkam, habe ich mich entschlossen, den Weg aufzuschreiben. Mein persönliches Highlight im Umgang mit meinen Pferden ist nicht der gelungene Showauftritt, sondern der Moment, wenn ich meine Touchierpeitsche hole, sie den drei Jungs zeige und sie frage, ob sie Lust zum Spielen haben. Da das eine Einladung und kein Befehl ist, kommt zwar nicht immer die gleiche Reaktion und nicht jeder hat an jedem Tag Lust, aber oft genug sausen sie daraufhin schneller auf den Reitplatz, als ich folgen kann. Wenn ich ankomme, erwarten mich dann drei gespannte Augenpaare und jeder kann es kaum erwarten, dran zu kommen und sein Können zu zeigen.

Aus dieser vollkommen freien spielerischen Situation entwickeln sich auch oft neue Elemente, die sie mir anbieten und die ich dann noch ausbaue und festige. Sehr schnell erkenne ich dann auch, welche Lektion beim jeweiligen Vierbeiner besonders beliebt ist. So bietet Cisco sehr gerne den Spanischen Schritt an und kann sich dabei wunderbar abreagieren, wenn er etwas angespannt ist. Carlito sitzt sehr gerne, aber seit er steigen kann, ist das seine neue Lieblingsübung. Bei ihm vollkommen unaggressiv, aber mit überschäumender Begeisterung vorgetragen. Dusty spielt noch etwas zögerlich und legt sich gerne hin, aber er zeigt mit zunehmender Begeisterung Spanischen Schritt.

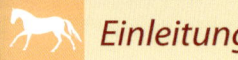

Zirkuslektionen bieten eine tolle Möglichkeit, sich mit seinem Pferd zu beschäftigen, es dabei körperlich und mental zu fördern und das Vertrauen zum Menschen zu stärken.

Bei aller Freude am freien Spiel sollte es dabei aber einige Grundregeln geben – 600 kg Pferd sollten auf ein kleines Menschlein doch Rücksicht nehmen, und das muss man ihnen klarmachen.

Das Schöne an den Zirkuslektionen ist auch, dass sie immer wieder abrufbar sind, auch wenn seit dem letzten Training schon Wochen oder Monate vergangen sind. Auch wenn man einmal wenig Zeit für sein Pferd hat, ist es eine gute Möglichkeit, seinem vierbeinigen Partner Aufmerksamkeit und Bestätigung zu schenken. Aber bitte nicht vergessen, das Pferd aufzuwärmen, bevor man Dehnung fordert.

Es gibt neben dem Reiten so viele Möglichkeiten, sich auch einmal anders mit seinem Pferd zu beschäftigen und es damit von einer neuen Seite kennen zu lernen: Reiten, Longieren, Zirkuslektionen, Spaziergänge, Schreckhindernisse, Freiarbeit etc. Auf diese Weise hält man sein Pferd wach und aufmerksam und erhält sich selbst die Freude am spannenden Umgang mit dem Pferd.

Die Hauptdarsteller

Dear Little Cisco

Cisco ist am längsten bei mir. Er ist 1992 geboren und kam als 2-Jähriger zu mir. Neben seiner Karriere als Westernpferd glänzt er auch in Showvorführungen mit seinen Zirkuslektionen.

Er war mehrmaliger Europameister und Deutscher Meister der Appaloosa in der Disziplin Trail. Als Herdenchef liegen ihm ganz besonders die aggressiven Übungen. Bei aller Heftigkeit, die er oft zeigt, ist er doch ein Sensibelchen und Neuem nicht immer sehr aufgeschlossen. Das muss ihm immer sehr behutsam nahe gebracht werden, aber wenn er einmal etwas kann, dann sitzt es auch. Bei ihm hat das Spiel auch immer einen aggressiven Touch und er liebt es, herausgefordert zu werden, wobei es sehr wichtig ist, dass auch immer wieder ruhige Momente eingebaut werden, in denen er wieder entspannen kann.

Er ist ein absolutes Ein-Frau-Pferd, wobei er im Alter jetzt etwas toleranter wird, war und ist mein Traumpferd und geht für seinen Menschen durch dick und dünn.

Zu seinem Repertoire gehören u. a. natürlich Kompliment, Knien, Liegen, Flachliegen, Spanischer Schritt, Spanischer Trab, Steigen, Steigen

Cisco beim Steigen.

![Cisco beim Steigen]

Carlito zeigt eine seiner Lieblingsübungen, das Steigen.

aus dem Knien sowie Reiten ohne Sattel und Zaum. Das Sitzen ist nicht so sein Fall und er nimmt auch nicht gerne Sachen ins Maul.

Toby's Spot Carlito

Carlito ist 2000 geboren und kam als Jährling in unsere kleine Herde. Er zog gleich mit einem Knall ein, denn er hatte noch am Ankunftstag einen schweren Unfall und verbrachte einige Zeit in der Klinik. Die Überreaktion, die dazu führte, ist typisch für ihn. Er ist immer freundlich und guter Laune, aber ein ziemliches Sensibelchen und Menschen gegenüber überhaupt nicht aggressiv.

Nach einer missglückten Kehlkopfpfeifer-OP ist er leider nur noch eingeschränkt belastbar, kann aber ein fast normales Pferdeleben führen. Ihm liegen besonders die weniger anstrengenden Übungen wie Kompliment, Knien und Liegen. Besonders gerne sitzt er und zeigt das auch mal einfach so auf der Weide. Die Koordination im Spanischen Schritt ist nicht so einfach für ihn und erfordert viel Übung. Für das Steigen kann er sich dagegen sehr begeistern und übertreibt da auch schon mal. Er nimmt auch gerne Sachen ins Maul und kann natürlich auch Ja- und Nein-Sagen.

Ready Dream in Dust, genannt Dusty.

Ready Dream in Dust

Dusty ist das jüngste Herdenmitglied und kam 2006 als 2-Jähriger dazu. Als Junghengst war er ein ziemlich rüpeliger Zeitgenosse, obwohl die anderen Beiden bei der Erziehung tatkräftig mithalfen. Er kapiert zwar sehr schnell und ist auch geschickt, aber doch introvertiert, was die Arbeit mit ihm nicht so einfach macht.

Er hat Kompliment und Liegen von allen Pferden, mit denen ich gearbeitet habe, am Schnellsten verstanden und ohne Hilfsmittel ausgeführt. Allerdings ist er auch Weltmeister im Zweckentfremden des Gelernten und nutzte z. B. das Liegen beim Anreiten, wenn er etwas nicht verstand oder machen wollte. Sogar aus dem Galopp klappte das bei ihm sehr gut.

Er ist eher introvertiert und braucht als Verstärkung sowohl starkes Lob im richtigen Augenblick als auch die Herausforderung. Eigene Einfälle anzunehmen heißt bei ihm auch immer, sie dann streng in die richtigen Bahnen zu lenken und dann nur noch auf Abruf zuzulassen. Das ist bei jedem Pferd wichtig, bei ihm aber ganz besonders.

Neben seiner Karriere als Westernpferd, bei der er schon schöne Erfolge erringen konnte, kann er Kompliment, Knien, Liegen, Sitzen, die Polka und die Anfänge zum Spanischen Schritt und Steigen. Außerdem nimmt er allzu gerne Sachen ins Maul und spielt damit. Er hat sogar einen eigenen Hundeknoten zum Spielen. Besonders gerne spielt er mit seinem großen Ball, nicht auf Kommando, einfach nur zum Vergnügen.

Er ist der Typ Pferd, von dem man immer eine Reaktion bekommt, mit der man arbeiten kann – ob das dann auch immer die gewünschte Reaktion ist, ist zwar nicht sicher, aber man kann sie in die gewünschten Bahnen lenken. Er ist sehr eifrig, manchmal übereifrig, und will es immer recht machen. Eine Verstärkung ist für ihn übergroßes begeistertes Loben, während ein Herausfordern durch Nachtouchieren bei ihm eher dazu führt, dass er sich zurückzieht. In der Freiarbeit ist er immer aufmerksam und überschlägt sich fast vor Begeisterung. Sein Highlight sind Auftritte vor Publikum. Dabei ist ihm die Freude deutlich anzusehen.

1 Vorüberlegungen

1. Vorüberlegungen

Pferdetypen

Die Einteilung in verschiedene Typen ist nicht ganz einfach, aber oft hilft sie als Anhaltspunkt, um das jeweilige Pferd besser zu verstehen. Es gibt Pferde, die man ganz leicht in die einzelnen Kategorien einteilen kann, aber auch Mischtypen zwischen den einzelnen Einteilungen.

Typ 1 – ist eher introvertiert und meist ein Vertreter einer ruhigen Pferderasse wie Kaltblüter, Haflinger, Fjordpferde oder ein sehr in sich gekehrtes Pferd, die es in jeder Rasse gibt. Bei unbekannten Sachen neigen sie dazu, einfach nichts mehr zu machen und ganz starr abzuwarten, was kommt.
Da ist nun ein bisschen Erfindungsgeist gefragt und nicht etwa Gewalt ob des sturen Pferdes. Um weiterarbeiten zu können, brauchen wir eine Reaktion. Dazu hilft oft ein kleiner Rundgang mit dem Pferd, noch einmal hinstellen und von vorne beginnen, dabei aber sehr darauf achten, die kleinste Reaktion sofort zu belohnen. Diese Typen brauchen viel Bestärkung, damit sie aus sich heraus gehen können und auftauen.

Typ 2 – ist der in sich ruhende Typ. Das ist oft der Herdenchef oder ein weit oben in der Rangordnung stehendes Pferd. Diese selbstbewussten Pferde haben in der Regel kein Problem damit, die Übersicht aufzugeben und tun sich mit den Übungen auch nicht besonders schwer, wenn es uns gelingt, sie davon zu überzeugen, dass es auch für sie von Vorteil ist, uns den Gefallen zu tun. Wenn dieser Typ gleichzeitig verfressen ist, dann liegt der Vorteil für den Vierbeiner auf der Hand, aber auch die nicht verfressene Version reagiert in der Regel sehr gut auf Lob.

Typ 3 – der übereifrige, oft ein bisschen hysterische Typ. Bei diesen Pferden, unter denen man oft Araber findet, bekommt man immer eine Reaktion, wenn auch nicht immer die gewünschte. Der Vorteil dabei ist, dass wir eine Reaktion haben, mit der wir arbeiten und die wir in gewünschte Bahnen lenken können. Besonders wichtig bei diesen Pferden ist es, auf eine wirklich korrekte Ausführung der Übung zu achten und den meist übereifrigen Vierbeiner immer wieder zur Ruhe zu bringen.

Typ 4 – ist der verantwortungsbewusste Kontrollfreak. Diese Pferde stehen oft auch sehr hoch in der Rangordnung und haben gerne alles im Griff. Sie haben ein Problem damit, die Übersicht und damit die Kontrolle aufzugeben und auch mal andere aufpassen zu lassen. Diesem Typ muss man Zeit lassen, sich an diesen Gedanken zu gewöhnen, und sie langsam an die Übung heranführen. Sobald sie das einmal begriffen haben, sind diese Typen überaus zuverlässig und genau bei der Ausführung.

Typ 5 – ist der verspielte Clown. Meistens ist dieser Typ auch noch sehr übereifrig und wissbegierig. Diesen Pferden kann man alles mögliche beibringen und sie sind mit Begeisterung dabei, auch sind sie ganz groß darin, sich immer neue Variationen auszudenken. Hier liegt es am Zweibeiner, sich durch den Charme nicht vollends einwickeln zu lassen, sondern auf die richtige Ausführung der Übungen zu achten, sonst gibt es irgendwann Übungssalat.

Was sind Zirkuslektionen?

Zirkuslektionen sind eine sehr gute Möglichkeit, sich mit seinem Pferd zu beschäftigen, wenn man nicht reiten will oder kann. Dabei sollte man allerdings bedenken, dass jede Beschäftigung mit dem Pferd Training ist und ernstgenommen werden muss. Zirkuslektionen und auch Bodenarbeit sind keine Spielerei, sondern ein ernstzunehmendes Training, auch wenn das Endergebnis dann durchaus spielerisch leicht aussieht und auch aussehen soll.

Zu den Zirkuslektionen zählen unter anderem die Lektionen Plié, Kompliment, Knien und Liegen, die zu den Defensivübungen zählen und die eher aggressionsbetonten Übungen Spanischer Schritt und Steigen. Neben diesen klassischen Übungen kann man seinem Pferd auch noch zahlreiche Tricks beibringen wie z. B. Ja- und Nein-Sagen, Apportieren etc.

Gerade die klassischen Zirkuslektionen bauen aufeinander auf. Dieser Ausbildungsweg sollte schon zur Erleichterung des Erlernens für Pferd und Mensch eingehalten werden.

Beim Erlernen der Tricks und vor allem der aggressionsbetonten Lektionen sollte man auch immer die »Nebenwirkungen« beachten. Gerade die Tricks können auch zu ungewollten Aktionen führen – beim Nein-Sagen z. B. kann leicht ein Kopfschütteln ausgelöst werden. Besonders das Steigen ist eine Übung, die gefährlich werden kann. Darum sollte man sich dabei im Vorhinein gut überlegen, ob man seinem Pferd diese Lektionen beibringen will. Je mehr ein Pferd kann und damit auch auf viele Signale reagiert, desto

überlegter muss man auch im Umgang sein und auf seine eigenen Signale achten, die man eventuell ungewollt seinem vierbeinigen Partner gibt. Die Bewegungen, die bei den Zirkuslektionen abgefragt werden, muss ein Pferd nicht extra erlernen, die kann es schon. Die Kunst dabei ist, diese Bewegungen jederzeit abrufbar und vor allem auch kontrollierbar und abstellbar zu machen.

Gerade die aggressionsbetonten Übungen wie der Spanische Schritt und das Steigen sind Elemente aus dem Rauf- und Kampfspiel der Pferde, die somit besonders ausdrucksstark in Erregung gezeigt werden. Das Erlernen dieser Übungen sollte jedoch gerade deswegen immer in ruhiger Atmosphäre stattfinden. Den Spanischen Gruß sieht man gerne bei der »Begrüßung« zwischen Pferden, die damit gleich die Fronten klären und den anderen auf Abstand halten. Gerade beim Raufspiel von Hengsten kann man auch noch eine weitere »Übung« beobachten, und zwar das Kompliment. Vor allem junge männliche Pferde beißen sich beim Spiel gerne in die Vorderbeine, um den Gegner in die Knie zu zwingen, und schon kann man ein schönes Kompliment beobachten. Natürlich lässt der Gegner das nicht auf sich sitzen und versucht nun seinerseits einen gezielten Biss anzubringen, um seinen Kontrahenten auch zu Boden zu bringen. Dieses Verhalten sollte man immer im Auge haben, wenn man mit Hengsten am Kompliment arbeitet.

Das Kompliment ist eine überaus vielseitige Übung, und manche Pferde erlangen eine ganz beachtliche Geschicklichkeit darin, es zu ihren Gunsten anzuwenden. Niemand musste ihnen beibringen, wie man am geschicktesten unter dem Zaun durchfressen kann. Besonders Ponys erlangen hierbei eine besondere Beweglichkeit.

Zirkuslektionen bauen auf Bewegungen auf, die das Pferd bereits kann. Die Kunst ist, diese gezielt abzurufen, wie hier beispielsweise das Liegen.

Es gibt natürlich verschiedene Methoden, um einem Pferd diese Zirkuslektionen beizubringen. Einige davon haben sich bei mir bewährt und diese stelle ich hier vor.

Wichtig!

Es gibt keine richtige oder falsche Methode, solange sie den Respekt vor dem vierbeinigen Partner bewahrt. Es gibt nur die richtige Methode für das jeweilige Pferd.

Voraussetzungen

Welche Pferde sind geeignet?

Pferde, mit denen man an Zirkuslektionen arbeiten will, sollten halfterführig sein und schon gelernt haben, auf die Signale ihres Menschen zu hören. Die wichtigste Voraussetzung dabei ist, dass das Pferd gelernt hat ruhig zu stehen und auf seinem Platz zu bleiben.

Grundsätzlich sind für das Erlernen von Zirkuslektionen alle Pferde gleich welchen Alters oder welcher Rasse geeignet, wenn sie keine gesundheitlichen Einschränkungen haben. Auch ältere Pferde profitieren sehr von dieser für sie

Das Steigen ist eine Lektion, die sicherlich nicht jedes Pferd erlernen wird und auch nicht unbedingt sollte.

neuen Art der Beschäftigung und blühen oft regelrecht auf. Junge Pferde, die an einem Kurs teilnehmen sollen, sollten mindestens zwei Jahre alt sein. Jüngere Pferde können durchaus schon Zirkuslektionen erlernen, aber sich noch nicht so lange konzentrieren, dass eine Kursteilnahme entspannt möglich wäre.

Bei gesundheitlichen Problemen ist zu prüfen, inwieweit das Pferd belastet werden kann und welche Einschränkungen dabei berücksichtigt werden müssen.

Wichtig ist, dass man auf individuelle physische und psychische Eigenheiten des jeweiligen Pferdes Rücksicht nimmt. Es gibt keinen festge-legten Zeitrahmen, in dem eine bestimmte Lektion erlernt werden soll. Die Zeit, die man für eine bestimmte Übung braucht, bestimmt allei-ne das jeweilige Pferd. Auch wird nicht jedes Pferd jede Lektion gleich gut erlernen. Es liegt dann an uns, die individuellen Stärken herauszu-bringen und zu verstärken.

Da wir mit Longe am Bein und mit Gertensig-nalen arbeiten, sollen die Pferde keine Angst vor der Gerte haben und auch den Strick ums Bein tolerieren. Ist das am Anfang noch nicht der Fall, ist das auch kein großes Problem, nur eine weite-re Lektion, die es zu lernen gilt.

Welche Menschen sind geeignet?

Nicht nur beim Pferd, auch beim Zweibeiner gibt es einige Voraussetzungen, die man mitbringen sollte. So ist schon ein bisschen Geschicke erforderlich, um mit Fußlonge und Gerte umzugehen. Aber keine Sorge, das alles kann erlernt werden. Die wichtigste Eigenschaft, die der Mensch mitbringen sollte, ist aber Geduld und die Fähigkeit, auf das Pferd einzugehen und schon kleinste richtige Ansätze zu erkennen und zu belohnen!

Was braucht man?

Am Anfang ist lediglich ein gut sitzendes Stallhalfter und ein langer Strick nötig. Bei besonders heftigen Pferden oder Hengsten kann man unter Umständen auch mit Kappzaum oder Sidepull arbeiten. Ungeeignet sind Gebisse in jeglicher Form, um dem Pferd die Lektionen beizubringen. Auch wenn es dadurch scheinbar leichter gehen würde, bin ich absolut dagegen, dem Pferd damit im Maul herumzuziehen.

Für die Motivation der Vierbeiner sind Leckerli oder Karotten sehr nützlich. Die Karotten dürfen dafür durchaus lang sein.

Für die Sicherheit von Mensch und Pferd sind Handschuhe, festes Schuhwerk und Gamaschen für beschlagene Pferde zu empfehlen. Als Gerte eignen sich gut biegsame Gerten, mit denen man touchieren kann, ohne gleich aus Versehen zu fest zuzuschlagen. Der Sinn der Gerte ist es anfangs, das Pferd einfach etwas zu nerven, damit es eine Reaktion zeigt, und das geht am Besten mit einer sehr biegsamen Gerte. Für das Kompliment sollte die Gerte ca. 80–100 cm lang sein, damit man auch präzise nur ein Bein trifft. Sobald man die Longe nicht mehr braucht, kann man auch eine längere Gerte nehmen und weiter entfernt vom Pferd stehen. Für den Spanischen Schritt empfiehlt sich eine etwas längere Gerte von ca. 120 cm, damit man nicht zu nahe am Pferd stehen muss.

Ich arbeite mit Fußlonge, da es so meiner Ansicht nach am sichersten für Pferd und Mensch ist. Ob dann mit oder ohne Verlockungen nach unten gearbeitet wird, bestimmt nur das Pferd – ebenso das Tempo, in dem gearbeitet wird.
Die Fußlonge ist ein wichtiges Hilfsmittel und als solches sollte sie auch verstanden werden. Sie ist *auf keinen Fall ein Zwangsmittel*, um das Pferd um jeden Preis nach unten zu bringen. Mit der Fußlonge hat man aufgrund der Hebelwirkung mehr Kraft und kann das Pferd im Augenblick des Absenkens optimal halten und ihm auch dabei helfen, aus dieser Position wieder nach oben zu kommen. Das Pferd verlässt sich auf diesen neuen »vierten Fuß« und braucht diese Stütze anfangs auch.
Zudem ermöglicht es die Fußlonge, beim Umgewöhnen von Longe auf Gerte die Unterstützung schrittweise abzubauen, indem man die Fußlonge immer lockerer anwendet und schließlich als Erinnerung dranlässt, aber nicht mehr benutzt. Die Hand am Bein kann man dagegen nur schwer mehr oder weniger stark dran haben, was den Übergang sehr erschwert.
Mit der Hand am Bein wäre man auch kaum in der Lage, dem Pferd die gewünschte Unterstützung zu geben, zudem begibt man sich in eine nicht ungefährliche Situation beim mit Herunterbeugen, falls das Pferd nun erschrecken sollte.

Ein weiterer Pluspunkt der Fußlonge ist, dass eine wesentlich geringere Verwechslungsgefahr mit dem Hufe auskratzen besteht, wie es bei der

An die Fußlonge muss das Pferd zunächst sorgfältig gewöhnt werden.

Hand am Bein durchaus vorkommen kann. Dem Pferd fällt die Unterscheidung, was nun gewünscht ist, leichter.

Die folgende »Gebrauchsanweisung« ist als Begleitung für einen Kurs gedacht und als Gedächtnisstütze für das spätere eigene Training. Der Gebrauch der Fußlonge und die richtige Handhabung sollten in einem Kurs erlernt werden!

Eine normale Longe ist als Fußlonge nur nach einiger Umbauarbeit geeignet. Sie sollte halbiert werden, damit man nicht zuviel Longe übrig hat und sich oder das Pferd darin verwickelt. Die Schlaufe, durch die man die Longe zieht, sollte

auch nicht so groß sein wie die Handschlaufe der normalen Longe, damit sich die Fußlonge nicht aufzieht, wenn man sie lockert. Also bitte zunähen und somit verkleinern.

> ### Wichtig!
>
> *Die Longe darf nicht durch den Karabiner gezogen werden! Der harte Karabiner kann das Pferd in der Fesselbeuge sehr verletzen.*

Wie trainiere ich mit meinem Pferd?

Sicherheit geht vor!

Bei allen Übungen mit dem Pferd sollten wir immer auf unsere eigene Sicherheit achten. Ein bis zu 700 kg schweres Pferd kann einen Menschen auch unabsichtlich schwer verletzen.

Bei der Arbeit mit Stricken und Longen ist es von Vorteil, mit Handschuhen zu arbeiten. Feste Schuhe sollten in Gegenwart von Pferden eigentlich ein absolutes Muss sein. Lange Hosen fangen versehentliche Streifer mit dem Huf wesentlich besser ab als ein nacktes Bein, gerade im Sommer sollte man daran denken.

Immer daran denken, in welche Richtung sich das Pferd bewegen könnte und ihm möglichst nicht im Weg stehen. Bei der Arbeit direkt am Pferd ist es wichtig, immer dicht am Pferd zu bleiben, um seine Bewegungen erfühlen zu können. Dicht am Pferd bekommt man vielleicht einen Schubs oder Knuff ab. Wenn man weiter weg ist, kommt noch eine gute Portion Schwung dazu.

Lob und positive Verstärkung

Beim Erlernen der Zirkuslektionen – und nicht nur da – ist es immens wichtig, richtig zu loben und zu belohnen. Das Pferd muss schließlich wissen, wann es etwas gut gemacht hat und natürlich verstärkt es die Motivation ganz ernorm, wenn dafür auch noch ein Leckerli herausspringt. Die Belohnung muss dabei unmittelbar auf die gewünschte Leistung erfolgen, sei es mit freudigem Loben oder/und durch Leckerli. Ein verspätetes Leckerchen freut das Pferd sicherlich auch noch, hat aber für das Erlernen keinen Effekt mehr.

Ein sehr netter Nebeneffekt des Erlernens der Zirkuslektionen ist es auch, dass man lernt, sein Pferd genau zu beobachten, um den richtigen

Positive Verstärkung erleichtert dem Pferd das Lernen erheblich. Sie muss unbedingt zum richtigen Zeitpunkt erfolgen.

Zeitpunkt abzupassen und so auch im täglichen Umgang mit seinem Pferd aufmerksamer wird und mehr darauf achtet zu loben und zu belohnen. Gerade beim täglichen Reiten und Trainieren nimmt man gute Leistung nur allzu leicht als selbstverständlich hin, während man die nicht so gute Ausführung natürlich sofort bemerkt. Um die Motivation zu erhalten ist es aber sehr wichtig, immer wieder einmal zu belohnen, wenn das Pferd gewünschtes Verhalten zeigt.

Beim Erlernen der einzelnen Lektionen wird natürlich jeder Ansatz in die richtige Richtung belohnt und somit verstärkt. Das Schöne bei den Zirkuslektionen ist, dass das Pferd nichts falsch machen kann, es kann es nur anders als gewünscht machen. Es liegt nun an uns, dem Pferd die gewünschten Reaktionen schmackhaft zu machen, die unerwünschten ignorieren wir einfach.

Die einzigen Reaktionen, die eine negative Verstärkung oder Strafe nötig machen sind Reaktionen, die unsere Sicherheit gefährden. Auf Beißen, Schlagen oder Umrennen muss immer *sofort* eine heftige Reaktion unsererseits erfolgen. Egal aus welchem Grund – dieses Verhalten ist zu unterbinden! Angebracht ist hier eine kurze, eindeutige und heftige Reaktion wie ein Klaps, energisches Rückwärtsrichten etc., auf die sofort Ruhe folgt, eine kleine positive Übung, die das Pferd gut kann, und daraufhin eine Belohnung.

Mit welcher Art von Lob ein Pferd am besten zu bestärken ist, ist von Pferd zu Pferd unterschiedlich. Auch das ist eine Aufgabe, die sich uns immer wieder stellt – herauszufinden, worauf unser Pferd freudig reagiert und die gewünschte Reaktion zeigt. Immer angebracht ist freudiges Loben, und damit meine ich, sich richtig über die erbrachte Leistung, und sei sie noch so klein, zu freuen und das dem Pferd über Stimme und Körperhaltung mitzuteilen.
Bei den aggressiven Übungen wie dem Spanischen Schritt können wir sowohl durch verstärktes Touchieren eine Steigerung im Ausdruck und in der Höhe des Schrittes erreichen als auch, bei eher schüchternen Naturen, die sich dabei zurückziehen, durch übermäßig starkes Loben und Freuen.
Auch Pferde, die eher wenig Reaktion zeigen, sind durch Lob dazu zu bringen, mehr aus sich herauszugehen, auch wenn das durchaus einige Zeit dauern kann und vom Zweibeiner so einiges an Kreativität erfordert.

Die Belohnung mit Leckerli
Vielfach wird befürchtet, dass man die Pferde durch Futterbelohnung zum Betteln erzieht. Bei wirklich konsequenter Handhabung kann man das aber selbst bei sehr verfressenen Exemplaren vermeiden. Das Pferd bekommt die Belohnung nur für erbrachte Leistung und immer von uns dargereicht. Es darf sich diese Belohnung nie selber abholen. Bei besonders gierigen Fressern kann es auch angebracht sein, ihnen die Futterbelohnung nur zu geben, wenn sie den Kopf abwenden. So begreifen sie schnell, dass ihnen Betteln am Menschen nichts bringt und geduldiges Warten belohnt wird.

Gerade bei bestimmten fressbegeisterten Pferdetypen sollte man bei Übungen wie dem Plié oder beim Kompliment mit Herunterlocken unbedingt lange Karotten benutzen. Das schont die Finger ungemein. Das Pferd verfolgt dabei die Karotte nach unten und sieht nicht, was es sich schnappt. Da kann es dem Vegetarier Pferd durchaus mal passieren, dass es ungewollt zum Fleischfresser wird. Sollte das trotz aller Vorsicht doch einmal passieren, dann bitte mit der Hand am Pferd bleiben, denn das wird versuchen, mit dem leckeren Häppchen aufzustehen. Möglichst nicht die Hand herausziehen, sondern das Maul öffnen. Meistens merken die Pferde selber, dass sie keinen allzu schmackhaften Happen erwischt haben und lassen sich auf einen Tausch ein. Sollte das beim Unterm-Bauch-Füttern vorkommen, das Pferd bitte nicht bestrafen. Es tut zwar nun mal sehr weh, aber es war keine Absicht des Pferdes, sondern ein Versehen, da es gar nicht

Futterbelohnung ist ein sehr wirksamer Verstärker, der aber voraussetzt, dass das Pferd eine gewisse Höflichkeit erlernt hat und nicht gierig nach Futter (und Finger) schnappt.

sehen konnte, was es sich da schnappt. Eine Strafe in der Situation würde das Pferd verunsichern und wäre nicht angebracht. Hier sind wir gefragt, um solche Missverständnisse zu verhindern.

Variationen der Hilfen

Variationen der Hilfen sind anfangs nicht zu empfehlen. Gerade beim Kompliment ist man schnell versucht, scheinbar unnötige Hilfen wegzulassen oder nicht mehr ganz so gründlich auszuführen. Später bekommt man dann leicht Probleme, die darauf zurückzuführen sind.

Es spricht jedoch nichts dagegen, die Hilfen später nur noch anzudeuten oder dann auch durchaus zu variieren, wenn man merkt, dass das Pferd besser oder schneller reagiert. Voraussetzung

dafür ist jedoch, dass das Pferd die entsprechende Übung bereits sicher und zuverlässig beherrscht und ohne Hilfsmittel wie Zügel oder Fußlonge auskommt. Außerdem sollte man sich gut überlegen, ob eine neue oder in einem anderen Bereich angebrachte Hilfe nicht zu Verwechslungen führen kann.

Unser Ziel sollte immer sein, mit so wenig Hilfsmitteln wie möglich auszukommen. Und was gibt es Schöneres, als die Hilfen nur noch andeuten zu müssen und das Pferd vollkommen frei zu arbeiten!

Wie lange sollte geübt werden?

Wie bei jedem Training ist es auch bei der Arbeit an den Zirkuslektionen sehr wichtig, den richtigen Zeitpunkt zum Aufhören nicht zu verpassen – oder auch den richtigen Zeitpunkt, um einmal darauf zu beharren, dass die Übung ausgeführt wird.

Da beides sehr von der momentanen Situation und dem Pferd abhängt, ist es natürlich sehr schwer, in einer Anleitung einen genauen Zeitpunkt oder eine genaue Anzahl Wiederholungen anzugeben.

Gerade beim Erlernen ist es wichtig, in kleinen Schritten vorzugehen und dem Pferd immer wieder Gelegenheit zu geben, das Erlernte zu verarbeiten und eben auch mal drüber zu schlafen. Etwa 10 bis 15 Minuten am Stück reichen am Anfang aus, bevor man eine Pause macht. Man kann später durchaus noch den einen oder anderen Durchgang machen.

Es gibt keinen Zeitplan, in dem das Pferd eine gewünschte Lektion erlernen sollte. Das eine lernt schneller als das andere und genau diese Zeit sollte man ihm auch geben. Kein Pferd erlernt das Kompliment in einer Stunde! Dazu sind mehrere Übungseinheiten nötig und auch ein Abstand dazwischen, damit das Pferd das Erlernte

verdauen kann. Keine Sorge, wenn man einmal länger nicht zum Üben kommt. Das bereits Erlernte wird nicht vergessen, sondern oft sogar schon verarbeitet und es geht dann nach einer Pause schneller und besser voran.

Bei den Übungen ist es wichtig, mit einem für das Pferd positiven Abschluss aufzuhören, auch wenn das bedeutet, wieder einen Schritt zurückzugehen, um ein Erfolgserlebnis zu bekommen.

Die ersten Übungen

Der Anfang ist ganz leicht. Wir etablieren kleine Bausteine, die wir dann später einfach zusammensetzen. Wichtig ist es hierbei, das Pferd für eine richtige Ausführung sofort zu loben und gegebenenfalls auch mit Leckerli zu belohnen, auch und gerade für kleine Teilschritte.

Das Stehenbleiben

Einem Pferd beizubringen, ruhig stehen zu bleiben, ist in erster Linie eine sehr gute Geduldsübung, besonders für den zweibeinigen Teil. Bevor man also beginnt, aktiv an den Zirkuslektionen zu arbeiten, sollte das Pferd diese Übung bereits können, denn es erleichtert die ganze Sache ungemein, wenn man nicht mit Strick, Longe und Gerte hinter einem abwandernden Pferd herhetzen muss.

Diese wichtige Übung beginnt man am besten in einer sehr ruhigen, gelassenen Situation. Man sollte selbst ruhig sein und auf seine Bewegungen achten, denn wenn der Mensch herumzappelt, wie soll dann das Pferd ruhig stehen bleiben können?

Zum Beginnen mit dieser Übung und dem Training dazu sucht man sich nun einen ruhigen Platz, an dem das Pferd nicht allzu sehr abgelenkt

Wichtig!

Da wir bei den Zirkuslektionen vom Pferd teils starke Dehnungen verlangen ist es sehr wichtig, dass wir unseren Partner und auch uns selber vorher gut aufwärmen und nicht mit einem Kaltstart beginnen. Sehr schön geht das mit einem kleinen Spaziergang im Schritt und Trab oder einer Joggingrunde auf dem Platz – was beiden Partnern gut tut.

Zum Üben des Stehenbleibens geht man zunächst mit der Hand am Pferd um das Pferd herum. Nach und nach werden die Kreise vergrößert.

wird. Eine Wiese ist nicht so gut geeignet, ebenso wenig wie ein überfüllter Reitplatz – später sollte das kein Problem sein, aber den Anfang muss man sich nicht unnötig schwer machen. Hat man diesen Platz gefunden, stellt man das Pferd sorgfältig hin, so dass es alle vier Beine gleichmäßig belastet. Es sollte nicht in Schrittstellung stehen, denn das würde es mit dem Antreten verbinden und bald versuchen, einen Schritt nach vorne zu machen. Sobald das Pferd nun gut steht, etablieren wir das Kommando dafür, z. B. »Steh« oder »Bleib« und gehen nach hinten um das Pferd herum. Dabei ist es anfangs hilfreich, wenn die Hand am Pferd bleibt und Kontakt behält. Das Pferd sollte dabei seine Aufmerksamkeit auf seinen Menschen richten und mit den Ohren bei ihm bleiben. Sobald das Pferd sich bewegt, gehen wir in die Anfangsposition zurück, stellen das

Pferd ruhig und konsequent wieder auf und geben erneut unser Kommando – und beginnen von vorne. Hier beginnt nun die Geduldsprobe.

Bei konsequentem Vorgehen sollte es nicht allzu lange dauern, bis das Pferd begriffen hat, was wir von ihm wollen. Als nächsten Schritt gehen wir auch mal vorne am Pferd vorbei und umrunden es, bevor wir ohne Körperkontakt in immer größeren Kreisen um es herumgehen.

Nun haben wir schon die besten Voraussetzungen für den Beginn der Arbeit an den Zirkuslektionen geschaffen und können mit dem weiteren Training anfangen.

Das Heranrufen

Das Heranrufen des Pferdes gehört nicht unbedingt zu den Zirkuslektionen und ist auch keine

Das Ziel des Heranrufens: ein Pferd, das auf Aufforderung freudig auf den Menschen zukommt.

ein anderes Kommando kommt oder auch eine Vorwärtsbewegung abzustoppen und zum Halten zu kommen. Anfangs kann es auch erforderlich sein, dass wir uns rückwärts vom Pferd wegbewegen, damit wir eine Vorwärtsbewegung gleich erkennen können.

Auf unserem Platz angekommen, geben wir das Kommando »Komm« oder »Komm her« verbunden mit dem Namen des Pferdes – es soll sich ja angesprochen fühlen – und wühlen etwas in der Tasche/Leckerlibeutel herum oder zeigen ihm das Leckerli. Schon beim ersten meist zögerlichen Schritt in unsere Richtung kommt die verbale Belohnung, damit der Vierbeiner auch weiß, dass er es richtig macht.

Besonders zögerliche Zeitgenossen brauchen manchmal auch einen Führstrick, an dem für den ersten Schritt leicht gezogen wird.

Sobald das Pferd begriffen hat, dass es für das Herankommen eine Belohnung bekommt, wird es natürlich versuchen, seine Position auch ohne Befehl zu verlassen. Versuchen kann man's ja. Natürlich wird es dafür **nicht bestraft**, sondern einfach nur ruhig und konsequent auf seinen Platz zurückgestellt, wobei wir wieder bei der Geduldsprobe wären ...

Später wird die Entfernung immer mehr vergrößert und das Pferd auch mal von der Seite oder hinten abgerufen. Übrigens eine überaus praktische Übung, denn was gibt es Schöneres als ein Pferd, das auf Kommando freudig auf einen zukommt, sollte es freilaufen oder gar einmal auskommen.

Voraussetzung dafür, aber in einigen Situationen durchaus praktisch. Mit dieser Übung sollte man allerdings erst beginnen, wenn das »Parken« des Pferdes schon gut verankert ist.

Die einfachste Methode ist das Locken mit einem Leckerli. Dazu stellen wir uns in einiger Entfernung – anfangs nicht zu weit weg – vor dem Pferd auf und stoppen es mit der erhobenen Handfläche. Das ist später auch das Zeichen für den Vierbeiner, auf seinem Platz zu bleiben, bis

Das Bewegen der Beine

Für verschiedene Übungen ist es praktisch, wenn man das Pferd dazu veranlassen kann, seine Füße auf Wunsch einzeln zu bewegen.

Bei den Vorderbeinen touchiert man das Pferd hinten am Fesselgelenk, um es zu veranlassen, das Bein etwas nach vorne zu stellen. Hebt es nun das Bein an und stellt es dieses etwas weiter vorne ab, dann ist es dafür sofort zu belohnen. Hierbei, wie auch beim Erlernen der meisten anderen Übungen, ist es von Vorteil, wenn man ein Leckerli bereits für das Pferd unbemerkt in der Hand hält, um keine Verzögerung beim Belohnen zu haben. Sollte das Pferd nicht ganz begreifen, was wir von ihm wollen, kann man auch die Fußspitze zu Hilfe nehmen und den Fuß des Pferdes an der Fesselbeuge etwas nach vorne schieben. Wichtig ist es dabei, auch den kleinsten Fortschritt zu belohnen.

Auch beim Touchieren der Hinterbeine wird das Pferd hinten am Fesselgelenk touchiert und jedes Absetzen nach vorne sofort belohnt. Um das andere Bein zu touchieren, wechseln wir die Seiten und schieben das Pferd an der Kruppe leicht zur Seite, damit es das Gewicht auf den nun vorgesetzten Hinterfuß verlagert und den anderen entlastet, damit er auch nach vorne treten kann. Wie beim Vorderbein kann man auch beim Hinterbein die Fußspitze zu Hilfe nehmen, um den Fuß nach vorne zu führen – man sollte jedoch sicherstellen, dass keine Abwehrbewegungen erfolgen.

Indem man das Hinterbein vorne am Fesselgelenk touchiert, kann man das Pferd veranlassen, das Bein weiter nach hinten rauszustellen. Hierbei gilt das Gleiche wie bei der Bewegung nach vorne. Jedoch sollte eine der Übungen bereits sicher sitzen, bevor man mit der anderen beginnt, damit es dem Pferd leichter fällt, die Hilfen auseinander zu halten.

Achtung!

Bei den Hinterbeinen ist etwas Vorsicht geboten, damit es nicht zu ungewollten Abwehrreaktionen des Pferdes auf das Touchieren mit der Gerte kommt. Beim Touchieren ist dabei besonders zu beachten, dass das Pferd es auch bemerkt und nicht mit der Berührung überrascht wird.

2 Die Defensiv-Übungen

2. Die Defensiv-Übungen

Die Defensiv-Übungen gehen Richtung Boden und verlangen vom Pferd immer auch eine gewisse Portion Unterordnung. Trotzdem sollte man auch bei starken Pferden nichts erzwingen, sondern ihnen diese Übungen einfach mit ruhiger Konsequenz und Belohnung schmackhaft machen.

Das Plié

Das Plié ist sowohl eine eigenständige Übung wie auch eine sehr gute und wichtige Vorübung zum Kompliment. Es ist eine Verbeugung, bei der beide Vorderbeine nach vorne und der Kopf nach unten gestreckt werden. Hierbei lernt das Pferd bereits, seine Übersicht aufzugeben und dem Menschen zu vertrauen, ohne jedoch seinen festen Stand zu verlieren.

Für das Erlernen dieser Übung ist es zweckmäßig, es dem Pferd so einfach wie nur möglich zu machen. Dazu stellen wir das Pferd gleich zu Anfang schön gestreckt auf. Das kann durch geschicktes Anhalten, Vor- und Zurückschieben geschehen oder durch die Positionierung der einzelnen Beine.

Wie bei allen anderen Übungen auch achten wir darauf, dass das Pferd ruhig steht. Dann kommt unsere möglichst lange Karotte zum Einsatz. Die Karotte ist für das Pferd anfangs die Motivation, diese Übung auszuführen.

Wir stehen auf der linken Seite des Pferdes, greifen nun mit der rechten Hand zwischen den

> ### Wichtig!
>
> *Bitte nicht mit Leckerli oder ähnlich kleinen Verlockungen arbeiten. Das Pferd taucht praktisch kopfüber nach dem Leckerbissen und will ihn möglichst schnell erwischen. Da es in dieser Position aber nichts sieht, kann es schon mal zu schmerzhaften Verwechslungen kommen und auch der vorsichtigste Vierbeiner kann einmal die Finger erwischen!*

Vorderbeinen durch und locken das Pferd mit der Karotte nach unten. Sollte das Pferd nicht reagieren bzw. die Karotte nicht finden, nehmen wir sie kurz in die linke Hand und locken das Pferd damit an, indem wir es an der Unterlippe anstupsen, etwas ärgern und die Karotte immer wieder wegziehen. Sobald das Pferd nun der Karotte folgt und diese erreichen will, wechseln wir sie schnell wieder in die andere Hand. Dabei darauf achten, dass wir das Interesse des Pferdes nicht wieder verlieren. Gelingt es uns nun, den Kopf des Pferde nach unten zu locken, kommt für den Vierbeiner die nächste Schwierigkeit: »Wie passt denn nun mein Kopf durch die Vorderbeine?« Das ist ein Problem, das das Pferd nun austüfteln muss. Wir bieten ihm für die Problemlösung unsere Karottenverlockung an und warten erst mal ab, was ihm so einfällt.

Die Karotte wechselt von der linken in die rechte Hand.

Die meisten Pferde finden sehr bald selber heraus, dass es am Leichtesten geht, wenn man die
Vorderbeine breiter hinstellt oder ein Bein etwas
abknickt. Für die Kompliment-Vorübung ist es
nicht schlimm, wenn ein Bein abgeknickt wird,
wollen wir jedoch auf ein korrektes Plié hinarbei-
ten, sollten wir die gestreckten Beine anstreben.
Falls das Pferd nun nicht selber auf die Idee
kommt, sich breitbeinig hinzustellen, helfen wir
ihm, indem wir ihm den linken Fuß etwas zur
Seite setzen. Das kann mit der Hand erfolgen
oder auch mit dem Fuß, den wir in der Fesselbeuge einhaken.

Sobald das Pferd verstanden hat, dass es da
unten einen Leckerbissen gibt, wird es diese
Übung mit Begeisterung ausführen. Um diese

> **Wichtig!**
>
> *Bitte nicht gleich am Anfang zu viel
> verlangen und das Pferd langsam an die
> Dehnung heranführen.*

Das Pferd streckt den Kopf zwischen die Vorderbeine, um die Karotte zu erreichen.

Begeisterung zu erhalten, sollte der Vierbeiner natürlich unten dann auch ein Stück abbeißen dürfen. Nun kann man auch langsam versuchen das Pferd immer weiter unter den Bauch zu locken. Die meisten Pferde sind zu ganz beachtlichen gymnastischen Leistungen fähig, wenn sie den nötigen Anreiz haben.

Um das Plié als eigenständige Übung abzurufen ist es nötig, ein Kommando einzuführen. Als Wortkommando eignet sich »Plié« oder auch »Verbeugen« sehr gut. Als tätiges Kommando kann man das Pferd mit dem Gertenknauf zwi-

schen den Beinen berühren, um es später dann so zum Absenken zu bringen.

Wichtig!

Nicht auf eine Berührung in der Gurtlage trainieren. Das kann allzu leicht zu Verwechslungen beim Satteln oder Aufsitzen führen.

Das Kommando wird anfangs zusätzlich zur Karotte gegeben, bis das Pferd anfängt darauf zu reagieren und schließlich nur noch auf dieses Kommando die Übung ausführt und nicht mehr in die Tiefe gelockt werden muss. Zuerst sollte die Belohnung aber dennoch noch unten erfolgen, bis es sicher sitzt, bevor wir zur Fütterung nach Beendigung der Übung übergehen.

> ## Wichtig!
>
> *Anfangs jeden richtigen Ansatz, richtigen Teilabschnitt und jede richtig ausgeführte Übung sofort belohnen. Sobald die Übung zuverlässig sitzt, wird nicht mehr jedes Mal mit Futter belohnt, jedoch natürlich gelobt und nur noch sporadisch gefüttert.*

Das Kompliment

Das Kompliment ist die Basisübung für die meisten anderen Lektionen. Es zählt zu den Defensivübungen, weil es für das Pferd auch eine Art Unterordnung bedeutet.

Das Kompliment ist eine Übung, die später oft als ganz einfach angesehen wird und nicht mehr viel Beachtung findet. Dabei ist gerade diese Übung immens wichtig und sollte gerade am Anfang nicht vernachlässigt werden, damit die Basis für die anderen Übungen auf wirklich »festen Beinen« steht.

Wie schon erwähnt ist das Kompliment ein Element aus dem Hengstkampf, bei dem der Hengst oder gegebenenfalls Wallach versucht, seinen Gegner durch Bisse in die Beine zu Boden zu bringen. Andererseits verwenden besonders findige Zeitgenossen das Kompliment auch gerne, um unter dem Zaun noch an besondere Leckerbissen zu kommen.

Was so einfach aussieht, ist es zu Beginn für unsere Pferde absolut nicht. Man sollte sich gerade am Anfang beim Üben immer vor Augen halten, dass wir dem Fluchttier Pferd ein Bein festhalten, also eine Flucht unmöglich machen und dann auch noch von ihm verlangen, seine Übersicht aufzugeben, indem es sich absenken und dann auch noch unterordnen soll. Absolut keine einfache Aufgabe für den Kopf des Vierbeiners!

> ## Wichtig!
>
> *Gerade bei Junghengsten darf man aber nicht außer Acht lassen, dass es auch ein Teil des Kampfspiels ist, wenn ein Raufbold den anderen in die Vorderbeine beißt, um ihn Richtung Boden zu bringen. Ein Junghengst könnte durchaus auf die Idee kommen, das auch bei seinem Menschen zu probieren. Und auf die Idee kommen sie in der Regel auch ganz schnell ...*

Für das Erlernen des Kompliments etablieren wir nun unsere kleinen Bausteine, die wir später einfach zusammenfügen.

Als erste und doch sehr wichtige Übung kommt das bereits erwähnte Stillstehen zum Einsatz. Das klingt einfach, ist es aber oft nicht. Denn das Pferd soll dabei, ohne festgehalten zu werden,

So soll es einmal aussehen. Was hier so einfach wirkt, ist gerade am Anfang für die Pferde eine echte Herausforderung.

ruhig stehen bleiben, auch wenn der Mensch sich entfernt oder um das Pferd herumgeht. Dabei wird der Strick an beiden Seiten des Halfters befestigt und wie ein Zügel über den Hals gelegt. Das Pferd soll ruhig stehen, aber dennoch die Bewegungen des Menschen beobachten und aufmerksam verfolgen. Klappt das, gehen wir einen Schritt weiter.

Für den Baustein Nummer Zwei brauchen wir das Bein des Pferdes oben, haben aber später keine Hand mehr frei, da wir die Fußlonge halten müssen. Dafür benutzen wir unseren Fuß. Bereits jetzt stehen wir am besten in der Position an der Gurtlage des Pferdes, die wir auch später einnehmen, dann müssen wir uns nicht umgewöhnen. Mit dem linken Fuß stupst man den linken Huf des Pferdes am Kronrand an, bis es diesen hebt – sofort ausgiebig loben! Auf der anderen Seite wiederholen. Schließlich soll auch das Kompliment später beidseitig klappen.

Der dritte Baustein ist das Rückwärtsrichten. Das Pferd soll sich im Kompliment nach hinten ausrichten, und darum brauchen wir diese Übung in der folgenden Form. Wir stellen uns auf Widerristhöhe parallel mit Blick nach vorne neben das Pferd, nehmen die »Zügel« auf und

Um das Pferd dazu zu bewegen, das Bein zu heben, wird es leicht am Kronrand angestupst.

bauen Druck auf. Dazu geben wir das dem Pferd bekannte Kommando für Rückwärts wie z. B. »Back« oder »Zurück«. Sobald das Pferd sich rückwärts bewegt, geben wir sofort nach und bauen erst wieder Druck auf, wenn die Rückwärtsbewegung stockt.

Als vierten Baustein kommt nun das Aufgeben der Übersicht dazu, wobei das Pferd aber noch mit allen vier Beinen sicher auf dem Boden steht. Hier fügen wir das Plié ein, das wir entweder schon vorher geübt haben oder jetzt einfach

durch Herunterlocken mit der Karotte einbauen. Dabei sind manche Pferd zu ganz erstaunlichen Verrenkungen fähig. Hier sollte man wieder nur lange Karotten nehmen und gut auf die Finger aufpassen!

Sobald das Pferd nun auf alle einzelnen Bausteine gut und flüssig reagiert, können wir damit anfangen, alle Übungen zusammenzufügen.

Doch bevor es weitergeht, müssen wir einen Zwischenschritt einlegen, nämlich das Gewöhnen an die Fußlonge.

Rückwärtsrichten mit leichtem Druck am »Zügel«.

Die Gewöhnung an die Fußlonge

Wichtig für den nun folgenden Einsatz der Fußlonge ist es, das Pferd daran zu gewöhnen und nicht plötzlich damit zu überfallen. Dazu berühren wir die Beine mit der Longe und legen sie zuerst ohne Schlaufe nur locker ums Fesselgelenk, wobei wir beide Enden in den Händen halten und bei Bedarf jederzeit loslassen können. Ein Helfer, der das Pferd dabei hält und wenn es ruhig bleibt lobt und belohnt, ist von Vorteil. Danach heben wir das Bein hoch, indem wir es anstupsen wie bereits gelernt, und wippen etwas

mit dem hochgenommenen Bein. Die meisten Pferde tolerieren das sehr gut.

Bleibt es dabei ruhig, kann die Fußlonge mit Schlaufe angelegt werden. Dabei das Longenende durch die verkleinerte Handschlaufe ziehen und durchaus fest zuziehen, mit der Longe nach hinten. So kann die Schlaufe um die Fesselbeuge nicht mehr verrutschen und zu Scheuerstellen führen. Beim Anlegen ist es wichtig, dass wir uns so hinstellen wie beim Hufe auskratzen, damit das Pferd merkt, dass es jetzt noch nicht nach

Erstes Hochnehmen des Beines mit der Fußlonge, die zunächst ohne Schlaufe einfach um das Bein gelegt wird.

unten gehen soll – genauso wenig wie eben auch beim Hufe auskratzen. Für das Hochnehmen des Fußes im Kompliment drehen wir uns dann später demonstrativ um. Nach dem Anlegen mit einer festen Schlaufe ums Fesselgelenk das Bein noch einmal anstupsen, absetzen, dann wieder hochheben, oben halten, etwas hin- und herbewegen und wieder absetzen. Nicht vergessen das Pferd zu loben, wenn es ruhig und gelassen bleibt. Diese Übung mehrmals wiederholen.

Anschließend führen wir das Pferd auf eine kleine Volte – natürlich mit allen vier Beinen auf dem

Wichtig!

Sollte das Pferd beim Führen nach außen ausweichen, sind die Grund- und Gewöhnungsübungen noch mehrmals mit Pausen zu wiederholen. Später sollte man bei den folgenden Übungen besonders vorsichtig und langsam vorgehen, da das Pferd durch die Longe noch verunsichert ist.

Boden – und eine zweite Person geht innen und hält die Fußlonge auf leichter Spannung, so dass das Pferd beim Gehen einen kleinen Widerstand spürt. Bleibt das Pferd dabei ruhig und gelassen, kann es mit dem ersten Versuch losgehen.

Wenn man so vorgeht, ist mit größerem Widerstand nicht zu rechnen. Bei ruhigem, gelassenem Vorgehen und der nötigen Zeit und Aufmerksamkeit für das Pferd habe ich noch nie Widerstand erlebt. Gerade am Anfang ist es immer wichtig, auf Verunsicherungen des Pferdes einzugehen und auch mal einen Schritt zurück zu machen, bis es wieder ruhig und gelassen reagiert. Die Zeit, die man dabei investiert, lohnt sich später umso mehr, wenn es dann problemlos klappt.

Bei den meisten Pferden wird es bei der Gewöhnung keine Probleme geben und man kann nach einer kleinen Pause gut mit den anderen Übungen weitermachen.

Bei Pferden, die noch etwas unsicher reagieren, empfiehlt es sich, die Übungen an der Fußlonge erst noch einmal zu wiederholen, wenn das Pferd

Wichtig!

Immer daran denken: Die Fußlonge ist ein Hilfsmittel – kein Zwangsmittel!

So wird die Fußlonge angelegt.

Beim Führen auf der Volte sollte das Pferd einen leichten Widerstand an der Fußlonge verspüren.

Die Fußlonge komplett angelegt. Die linke Hand hält den Teil der Longe, der unter dem Bauch durchführt. Mit dem Daumen wird der Teil, der zum Fuß führt, fixiert.

Zeit hatte darüber nachzudenken, also z. B. am nächsten Tag. Eine kleine Auszeit, um das Gelernte zu verdauen, wirkt oft Wunder.

Nachdem das Pferd an die Fußlonge gewöhnt wurde, kommen wir wieder zum Kompliment. Zuerst rufen wir noch einmal alle Grundübungen ab, um das Pferd darauf einzustimmen. Danach legen wir die Longe das erste Mal richtig an. Dazu stehen wir auf der linken Seite und legen die Schlaufe um die linke Fesselbeuge des Pferdes, lassen die Longe über den Rücken des Pferds auf der rechten Seite zu Boden fallen und holen sie

uns unter dem Bauch wieder. Dann greifen wir mit der linken Hand die Fußlonge ganz unten an der Fessel und mit der rechten Hand die Longe weit unterm Bauch. Nun tippen wir den linken Huf mit unserem linken Fuß an und wenn das Pferd das Bein hebt, holen wir es mit der Longe auf waagrechte Höhe, während wir gleichzeitig die Longe unterm Bauch mit der rechten Hand straff nachziehen.

Nun erst einmal abwarten, was das Pferd davon hält, und ein bisschen mit der Longe schaukeln. Danach natürlich loben, wieder absetzen und noch mal von vorne beginnen.

Sollte sich das Pferd dabei zu sehr anspannen, gehen wir wieder einen Schritt zurück, nehmen nur das Bein hoch und belohnen. Manche Pferde beunruhigt die straffe Longe um den Bauch. Nichts übereilen, einfach abwarten, bis es das ganz ruhig mit sich machen lässt und wieder neu versuchen.

Klappt das alles gut, kommt der nächste Schritt. Nachdem wir das Bein oben fixiert haben, wechseln wir die Hand an der Fußlonge. Die linke Hand führen wir nun mit der Handfläche zum Bauch zur Fußlonge und fassen die Longe möglichst dicht am Bauch an. Mit dem Daumen haken wir uns an dem Teil der Longe ein, der vom Fuß kommt, um mögliche Zappelbewegungen des Pferdes mit dem angehobenen Vorderbein abzumildern.

Die nun freie rechte Hand kommt an die Zügel und wir versuchen, das Pferd mit dem Komman-

do »Back« oder »Zurück« in eine Rückwärtsbewegung zu bringen. Hierbei ist es besonders wichtig, das Pferd immer wieder nach vorne zu lassen, bis eine Art Schaukelbewegung entsteht. Zwischendurch immer wieder das Bein absetzen lassen und Pausen einfügen.

Wichtig!

Gerade ganz am Anfang ist es von großer Bedeutung, den richtigen Ansatz zu belohnen. Ein Helfer ist dabei von Vorteil, der in dem Moment, in dem das Pferd sein Gewicht nach hinten verlagert, sofort belohnt.

Wichtig!

Immer dicht am Pferd bleiben, egal wohin es sich auch bewegt. Dort ist man am sichersten, denn das Pferd kann keinen Schwung holen, nur schubsen. Außerdem kann man den gefühlten Bewegungen besser folgen, als wenn man sie zuerst sehen und dann erst reagieren muss.
Unser Körper gibt dem Pferd auch noch zusätzlich eine Stütze, die wir ihm durch das Anheben des Beins entzogen haben. Viele Pferde verlassen sich darauf und brauchen sie gerade am Anfang.

Es ist keineswegs nötig und auch absolut nicht erwünscht, dass sich das Pferd gleich tief absenkt, vielmehr soll es anfangs einfach nur ruhig in diese Rückwärts-Abwärts-Bewegung hineinfinden. Diese Bewegung können wir mit unserem Körper noch unterstützen, indem wir das meist durch die Rückwärtsbewegung auf drei Beinen etwas verunsicherte Pferd mit unserer Schulter wieder nach vorne schieben und ihm so eine Stütze und Sicherheit zu vermitteln. Im Idealfall kommt das Pferd mit der Schaukelbewegung immer tiefer, bis es sich schließlich ins Kompliment absenkt. Wichtig ist es, das Pferd an der Fußlonge gut zu halten und eventuell auch den Körper durch Gegendruck etwas zu stützen. Ist es erst einmal soweit, dass das Pferd das Absenken ruhig akzeptiert, gehen wir zum Stimmkommando »Kompliment« über. Zum Aufstehen geben wir das Kommando »Auf« und

links und oben: Die Bewegungsfolge zum Kompliment, hier noch mit Unterstützung durch Zügel und Fußlonge. Am Ende wird die Longe losgelassen, damit das Pferd ungehindert aufstehen kann.

Wichtig! 🐎

Sobald das Pferd sich absenkt und bereits ruhig ins Kompliment geht, sollte man darauf achten, die Fußlonge soweit zu lockern, dass das Röhrbein komplett glatt auf dem Boden aufliegt. Sollte es dabei versuchen aufzustehen, holen wir es einfach ruhig mit Hilfe der Longe und des Zügels zurück ins Kompliment.

lassen gleichzeitig die Longe komplett los, damit das Pferd auch ungehindert aufstehen kann.

Der oben beschriebene Weg wäre der Idealfall und es ist toll, wenn es so funktioniert. In der Praxis hat man aber oft nicht den Idealfall, sondern das Pferd reagiert nicht erwartungsgemäß. Wenn es so nicht funktioniert, dann versuchen wir keineswegs, unseren Partner mit Zwangsmitteln nach unten zu bringen, sondern wählen einfach einen Umweg. Es ist nun mal nicht jedes Pferd gleich und manchmal muss man andere Wege gehen und umdenken.

Sollte das Pferd sich also zu sehr aufregen oder verspannen, dann müssen wir einen anderen Weg wählen und brauchen möglichst einen Helfer.

Wichtig!

Aufpassen, wenn sich das Pferd nun gleich ganz zum Boden absinken lässt. Es könnte sich vor dem eigenen Mut erschrecken und hochspringen. Wenn das passiert, dann sollten wir wie immer dicht am Pferd bleiben und es beim Aufstehen unterstützen. Die Longe dann entweder sofort loslassen oder gut festhalten und das Pferd auf drei Beinen aufstehen lassen und dann oben loslassen. Keine Sorge, auch das kann es.

Mögliches Problem: Das Pferd verspannt sich extrem, wenn wir den Zügel annehmen, und will nicht nach hinten weichen.
Bei etwas sturen Zeitgenossen kann man es mit etwas mehr Druck versuchen, und indem man schon kleinste Zeichen in die richtige Richtung belohnt, bis das Pferd leicht ins Schaukeln kommt.
Sollte das Pferd jedoch beim Annehmen des Zügels den Unterhals durchdrücken und den Kopf hochnehmen, folgt meist eine heftige Reaktion. Hier wäre mehr Druck absolut fehl am Platz und wir nehmen die Umleitung.

Da dem Pferd die Einengung durch die Fußlonge und den Zügel hier meist zuviel ist, lassen wir den Zügel einfach komplett weg. Der Helfer stellt sich dazu auf die rechte Pferdeseite und lockt das Pferd mit einem möglichst langen Leckerli – Karotte etc. – in die Tiefe, wie es das im Plié schon gelernt haben sollte, während wir auf der anderen Seite das Bein hochhalten und das Pferd seitlich abstützen, indem wir es mit der Schulter am Oberarm hochschieben, wenn es nach hinten unten geht, aber nicht mit dem Zügel einwirken.

Auch hier ist es wichtig, Pausen einzulegen und dem Pferd kleine Zwischenerfolgserlebnisse zu geben.
Geht das Pferd mit Hilfe der Karotte letztendlich ruhig ins Kompliment, versuchen wir die Fütterung umzustellen und nun selbst zu füttern. Klappt auch das schon gut, gehen wir einen Schritt weiter und locken das Pferd zwar noch mit der Hand/Karotte unter dem Bauch nach unten, versuchen dann aber, das Pferd nicht mehr unter dem Bauch, sondern vorne neben dem Vorderbein zu füttern. Schließlich stellen wir nach und nach das Herunterlocken ein und warten kurz, ob es schon auf die Longe und das Wortkommando »Kompliment« allein reagiert. Nichts übereilen, das alles dauert schon eine Weile.

Mögliches Problem: Das Pferd spannt sich sehr an und geht nur ganz wenig zurück, reagiert aber ohne Panik auf den Zügel.
Eine andere Methode, die aber genaues Beobachten des Pferdes erfordert, ist es, das Pferd genau in dem Moment zu füttern, wenn es anfängt sich anzuspannen. Wenn es in dieser Situation das Leckerli noch annimmt und anfängt zu kauen, sind wir ein gutes Stück weiter, denn meist entspannt es sich sofort wieder und merkt gar nicht, dass es noch ein Stückchen nach unten geht.

Mit dieser Methode fahren wir fort, bis sich das Pferd langsam weiter absenkt und ruhig ins Kompliment geht. Selbst wenn das Pferd von sich aus sehr schnell Richtung Boden gehen will, sollten wir versuchen, es langsam angehen zu lassen, damit es nicht erschrickt, wenn es die letzten Zentimeter absinkt. Auf diese Weise bekommt man die meisten Pferde ohne größere Probleme ins Kompliment.

Mögliches Problem: Das Pferd macht gar nichts und erstarrt, wenn wir das Bein oben haben und den Zügel annehmen.

Auch hier lassen wir den Zügel weg und versuchen es mit Herunterlocken zwischen den Beinen. Meist bleiben diese Pferd starr auf ihren verbliebenen drei Beinen stehen und versuchen, die Karotte irgendwie zu erwischen, ohne sich viel zu bewegen. Dabei knicken sie oft mit dem Vorderbein ab, können das Gewicht nicht halten und erschrecken sich dabei. Wir sind darauf vorbereitet und schieben das Pferd mit der Schulter wieder hoch. Diese Pferde haben meist Balanceprobleme und sind steif. Da hilft nur, ihnen die Beine richtig hinzusortieren. Wir stellen das Pferd möglichst gestretcht auf und versuchen dann mit Hilfe eines Helfers, das rechte Vorderbein noch ein Stück vorzustellen. Dazu nimmt unser Helfer das rechte Vorderbein, stellt es ein Stück nach vorne, wir schieben von der linken Seite das Gewicht darauf und nehmen sofort das linke Bein mit der Longe hoch. Je besser wir das Pferd so vorbereiten, umso leichter fällt diesen meist an sich sehr kooperativen Pferden diese Übung. Jetzt einfach wieder wie gehabt das Pferd zwischen den Beinen füttern oder mit einem Helfer von vorne füttern, wenn es den Zügel duldet. Dabei darauf achten, dass wir das Pferd nur so weit herunterlocken, wie es sich noch wohlfühlt, dann wieder hochschieben. Mit der Zeit wird es langsam immer weiter runtergehen, bis es schließlich im Kompliment ist. Bei diesen Pferden ist es oft noch eine recht lange Zeit notwendig, ihnen die Beine zu sortieren, aber mit der Zeit lernen sie auch, sich selbst zu sortieren, ohne großen Stress zu haben.

Mögliches Problem: Das Pferd ist übereifrig und zappelt herum oder bietet schon Variationen der Übung von selbst an.

Hier ist nun besonders viel Geduld gefragt. Das Pferd muss lernen, dass es immer auf ein Kommando zu warten hat, und das ist oft schwerer für den eifrigen Vierbeiner, als die Übung selbst zu erlernen. Bei etwas phlegmatischen Pferden kann man durchaus mal eine Eigeninitiative annehmen, bei den Übereifrigen darf man das am Anfang nicht. Also das Pferd immer wieder zur Ruhe bringen und erst fortfahren, wenn es ruhig steht. Dann loben und weitermachen. Das kann unter Umständen einige Wiederholungen fordern, aber es ist nötig, hier nicht zu schnell vorzugehen. Auch muss bei übereifrigen Vertretern immer auf die korrekte Ausführung der Übung geachtet werden, damit das Pferd nicht allzu viele eigene Ideen mit einbringt.

Wichtig!

Dabei selber tief durchatmen und nicht angespannt an das Pferd gehen. Auch Strafen bringt absolut nichts, eher im Gegenteil. Das Pferd wird einfach immer wieder zur Ruhe gebracht und wiederholt neu positioniert. Sollte doch einmal der Geduldsfaden reißen: Pferd wegstellen, Kaffee trinken gehen und später weitermachen!

Mögliches Problem: Das Pferd ist durchaus willig, auf das »Zurück« zu reagieren, wird aber sehr hektisch und kann seine Hinterbeine nicht nach hinten herausstellen.

Für diese im Grunde kooperativen Pferde ist es einfach ein Problem, die Hinterbeine bei angenommenem Vorderbein nach hinten heraustreten zu lassen. Sie haben oft schlichtweg Angst, das Gleichgewicht zu verlieren. Hier hilft nur Geduld und ein kleiner Trick. Wir wenden die gleiche Methode wie beim erstarrten Pferd an, nur dass wir diese Pferde meist nicht nach unten locken müssen. Wir suchen uns einen Helfer, der das stützende Vorderbein nimmt und es nach vorne herausstellt. In dem Moment, in dem es auf dem Boden ist, drücken wir das Pferd sanft in dessen Richtung und nehmen das Bein mit der Longe auf. Nun sollte genug Platz unterm Bauch sein, um ins Kompliment zu gehen. Meist gehen diese sehr kooperativen Pferde dann auch sofort Richtung Boden – weiter dann mit der Leckerli auf halbem Weg-Methode, um es ihnen etwas zu erleichtern. Das Sortieren der Beine muss man

bei diesen Pferden noch ein Weilchen beibehalten, aber irgendwann geht es auch von selbst.

Klappt das Kompliment nun auf der linken Seite mit der Fußlonge gut, versuchen wir es auch auf der anderen Seite. Meistens klappt es hier schneller als auf der linken Seite, weil es keine komplett unbekannte Übung mehr ist, aber trotzdem bitte langsam anfangen und daran denken, dass auch wir Zweibeiner nicht auf beiden Seiten gleich geschickt sind.

Sobald das Pferd verstanden hat, was wir von ihm wollen, und etwas Geschick in dieser Übung erlangt, wird es diese auch sehr gerne und eifrig ausführen. Nun sind wir an dem Punkt angelangt, der sich auch im Pferdespiel zeigt. Es ist das Zwicken ins Vorderbein, um den Gegner Richtung Boden zu bringen, der natürlich nicht lange unten bleiben will, denn das würde eine Unterwerfung bedeuten. Genau dies ist es aber, was wir nun von unserem Pferd wollen: dass es so lange unten wartet, bis wir ihm das Kommando zum Aufstehen geben. Ein Umstand, der etlichen Pferden gar nicht gefällt. Das kann auch mal einen kleinen Wutanfall zur Folge haben. Wir beharren aber trotzdem ruhig und gelassen auf der korrekten Ausführung.

Um dieses Verharren durchzusetzen, haben wir den Zügel und die Fußlonge zur Hand. Wir rufen nun also das Kompliment ab und versuchen, das Pferd einen Moment im Kompliment verharren zu lassen. Sollte es versuchen aufzustehen, holen wir es mit dem Kommando »Kompliment« und einem leichten Anstupser mit dem Zügel wieder nach unten. Je schneller wir dabei reagieren und je weniger hoch das Pferd dabei kommt, desto beeindruckter wird es sein und desto schneller wird es den Versuch auch aufgeben. Sobald das Pferd einen kleinen Moment ruhig unten verharrt, ohne Widerstand zu zeigen, geben wir das Kommando »Auf« und lassen gleichzeitig Zügel und Longe los, damit das Pferd ungehindert aufstehen kann. Für das Pferd ist dieses Loslassen sehr wichtig, da es nicht über einen Widerstand an der Longe aufstehen soll. Schließlich wollen wir es später mit einem leichten Zug an Zügel und Fußlonge wieder ins Kompliment holen können, sollte es zu früh aufstehen. Die Longe hängt dabei einfach an der Seite herab.

Natürlich wird das Pferd nach dem Aufstehen auch noch einmal ausgiebig gelobt und gegebenenfalls belohnt und wird bald auch schon darauf warten.
Mit der Zeit kann der Moment des Untenbleibens auch etwas länger ausgedehnt werden,

aber nicht gleich übertreiben. Den Moment, in dem das Pferd sich unserer Anweisung fügt, kann man sehr gut erkennen. Das Pferd atmet aus, entspannt sich und sinkt noch ein kleines bisschen ab. Haben wir diesen einen richtigen Moment erwischt, merken wir das auch daran, dass es nach dem Loslassen von Longe und Zügel und dem Kommando »Auf« noch kurz unten verharrt, bevor es aufsteht.

Jetzt wollen wir natürlich von der Fußlonge wegkommen, und damit fangen wir an, wenn das Pferd mit der Longe schon sehr sicher und zuverlässig reagiert, einige Zeit unten bleibt und die Hilfe mit dem Zügel bzw. mit der Karotte nicht mehr braucht.
Die Zügelhilfe wird nun langsam abgebaut. Meist zeigt das Pferd schon bald selbst an, dass es diese Hilfe nicht mehr braucht und wartet gar nicht mehr ab. Diesmal ist dieses Vorwegnehmen durchaus erwünscht und wir nehmen es gerne an. Oft brauchen die Pferde auch anfangs nur noch einen kleine Anstupser mit dem Zügel und wir können danach sofort wieder loslassen. Es wird sicher nicht lange dauern, bis das Pferd den Zügel nicht mehr braucht.

Als zusätzliches Hilfsmittel kommt nun eine kurze, möglichst elastische Springgerte dazu. Jetzt halten wir die Fußlonge wieder wie ganz am Anfang mit der rechten Hand und ersetzen das Anstupsen mit dem Fuß durch Touchieren mit der Gerte, bis das Pferd den Fuß hebt. Die Hilfe mit der Longe bleibt gleich und gleichzeitig touchieren wir das Röhrbein, bis das Pferd im Kompliment ist. Danach halten wir die Gerte an den Unterarm als Zeichen für das Pferd, unten zu bleiben. Zum Aufstehen nehmen wir zum Kommando »Auf« die Gerte deutlich weg.

Wichtig!

Es kann durchaus nötig sein, das Pferd mehrere Male wieder ins Kompliment zu holen, bis es wirklich ruhig und gelassen unten bleibt und keinen Widerstand leistet. Erst wenn es dies tut, geben wir das Kommando zum Aufstehen. Sollten wir das Pferd mal nicht halten können und es steht ohne unsere Erlaubnis auf, dann schummeln wir etwas und geben ihm das Kommando »Auf« trotzdem, damit es dies mit dem Aufstehen verknüpft – und insgeheim meint, wir hätten es ihm doch noch erlaubt.

Touchieren des Vorderbeins mit der Gerte.

Wichtig!

Es ist wichtig, das Röhrbein beim Touchieren immer zuverlässig zu treffen, da die Gerte nun die Longe langsam ersetzen soll und anfangs auch tatsächlich den Fuß oben hält. Das Pferd muss diese neue Hilfe erlernen und mit der bekannten Hilfe verknüpfen. Dazu ist es nötig, die Gertenhilfe wirklich präzise zu geben und immer zu treffen. Kommt man mit der Touchierhilfe ins Stocken, fällt der Fuß runter.
Kleiner Tipp: Man nehme sich einen Stallkollegen und übe die richtige Touchiertechnik am Schienbein ...

Mit der Zeit reduzieren wir nun die Hilfe mit der Fußlonge, indem wir das Bein immer weniger hoch nehmen und dafür durchgehend touchieren.

Sobald die Longe beständig locker durchhängt, können wir es auch einmal ohne versuchen. Als letzte Hilfe ist es oft ratsam, die Longe noch einfach um den Bauch zu binden. Auch wenn es nun schon gut klappt, sollten wir die Fußlonge immer griffbereit haben und falls es einmal so scheint, als hätte das Pferd alles vergessen, nehmen wir als Erinnerung einfach wieder die Longe dazu.

Mögliches Problem: Das Pferd macht das Kompliment ungefragt.

Sollte das Pferd das Kompliment nun auch einmal ungefragt anbieten, z. B. beim Schmied, beim Satteln oder um Aufmerksamkeit zu erregen, so unterbinden wir das mit einem Klatschen mit der flachen Hand auf den Bauch und einem energischen »Nein« oder im letzteren Fall einfach durch Ignorieren. Niemals darf man das Kompliment am Putzplatz oder auf hartem Boden fordern oder es ungefragt akzeptieren und belohnen.

Die folgenden Übungen *Knien, Liegen* und *Sitzen* bauen alle auf das Kompliment auf und sollten auch in dieser Reihenfolge gelehrt werden.

Das Knien

Das Knien ist eigentlich eine Weiterentwicklung des Kompliments. Dafür sollte das Kompliment bereits auf beiden Seiten sicher und natürlich ohne Hilfe der Longe abrufbar sein. Oftmals bietet das Pferd das Knien bereits beim Erlernen des Kompliments auf der anderen Seite an.

Die einfachste Art, ein Pferd zum Knien zu bringen ist es, einfach beide Beine an den Röhrbeinen zu touchieren, entweder sehr schnell wechselseitig oder gleichzeitig. Oft sind die Pferde so überrascht, da sie die Gertenhilfe als Aufforderung, das Bein nach hinten zu nehmen vom Kompliment kennen, dass sie sofort ins Knien kommen. Dann möglichst schnell noch unten belohnen.

Durch Touchieren beider Röhrbeine wird das Knien eingeleitet.

Über das Kompliment ...

***Mögliches Problem: Das Pferd steht einfach rat-
los da und macht gar nichts oder fängt an her-
umzuzappeln.***
Für diesen Fall gibt es die Möglichkeit, das Kompliment zuerst von der Gegenseite aus abrufbar
zu machen. Dafür touchiert man das weiter entfernt stehende Röhrbein an der Hinterseite unter
dem Bauch durch. Die meisten Pferde kombinieren gleich richtig und gehen nun mit der uns
abgewandten Seite ins Kompliment. Dies üben
wir dann von beiden Seiten, bis diese neue Hilfe
gut sitzt.
Sollte es so nicht funktionieren, kann man sich
Hilfe von einer anderen Person holen, die die
gewohnte Hilfe auf der anderen Seite zusätzlich
gibt.
Um nun das Knien einzuleiten, rufen wir das
Kompliment zuerst wie gewohnt ab, lassen das
Pferd verharren und holen dann mit der neuen
Hilfe unter dem Bauch durch das zweite Bein
dazu. Oft klappt das nicht auf Anhieb, weil das
Pferd diese neuen Hilfen erst kombinieren muss,
aber auch da hilft üben und dranbleiben.

Vielfach reicht dann später nur noch das Stimmkommando »Knien« zusammen mit der Gerte
vor beiden Vorderbeinen und das Pferd geht ins
Knien.

... *zum Knien.*

Auch hier gilt wie bei allen anderen Übungen – Geduld haben! Das Pferd kann durchaus eine Weile brauchen, bis es versteht, was wir von ihm wollen, aber das soll uns nicht davon abhalten, ruhig und konsequent und vor allem ohne Zwangsmaßnahmen vorzugehen.

Mögliches Problem: Das Pferd bleibt beim Touchieren des zweiten Beins nicht unten, sondern springt auf.
Sollte das passieren hilft es, die Fußlonge wieder anzulegen und im Kompliment dann das gestreckte Bein zu touchieren. Die Fußlonge kennt das Pferd bereits und so ist sie ein Mittel, um es

> **Wichtig!**
>
> *Beim Knien auf den passenden weichen Untergrund achten! Das Pferd ruht bei dieser Übung mit seinem vollen Gewicht auf den Karpalgelenken und sollte dies nicht auf steinigem oder hartem Boden tun müssen.*

am Platz und im Kompliment zu halten. Das Pferd sollte davor aber das Kompliment auf beiden Seiten bereits sicher beherrschen. Dadurch hat es gelernt, durch das Touchieren das Bein wegzuziehen und wird das meist auch im Kompliment tun.

Die Bergziege, hier auf dem Podest gezeigt, kann natürlich genau so zunächst am Boden geübt werden. Ziel ist es, dass die Hufe auf einer möglichst kleinen Grundfläche stehen und das Pferd den Rücken aufwölbt.

Das Knien ist eine Übung mit einer sehr punktuellen Belastung der Karpalgelenke und darum sollte man diese Übung auch nicht zu lange ausdehnen, damit es dem Pferd nicht zu unangenehm wird oder es zu Druckstellen kommt. Manche Pferde wollen auch nicht mehr knien, sobald sie das Ablegen erlernt haben, und meiner Meinung nach sollte man es dann auch dabei belassen. Ebenso bei Pferden, denen das Knien sichtlich unangenehm ist. Nicht jedes Pferd muss unbedingt jede Übung ausführen.

Die Bergziege

Die Bergziege ist hier als Vorübung zum Liegen gedacht. Diese Übung dient aber auch dazu, dem Pferd zu einem umfassenden Stretching zu verhelfen und es zu lehren, seine Beine auf Kommando einzeln zu platzieren.

Grundvoraussetzung ist, dass das Pferd ruhig stehen bleibt und nicht nach der Gerte schlägt. Vorsicht beim Ausprobieren, nicht jedes Pferd duldet anfangs die Gerte an den Hinterbeinen! Das Pferd soll bei der Bergziege die Hinterbeine weit unter den Körper stellen. Den Anfang machen ganz kleine Schritte. Wir touchieren leicht ein Hinterbein und loben, sobald das Pferd das Bein hebt und möglichst etwas nach vorne wieder absetzt. Klappt das mit dem Absetzen nicht von alleine, dann kann man mit dem Fuß in der Fesselbeuge das Pferdebein nach vorne schieben. Ideal ist es, wenn das Pferd die Beine auf leichte Gertenberührung nach vorne setzt und dann mit gesenktem Kopf in Bodennähe seine Belohnung bekommt. Immer daran denken, dass man gerade hier mit ganz kleinen Schritten zum Ziel kommt.

Mögliches Problem: Das Pferd tritt mit den Vorderbeinen nach vorne, wenn es die Hinterbeine unter den Bauch stellt.
Oftmals ist es dann hilfreich, wenn man dem Pferd vor den Vorderbeinen eine Begrenzung gibt, damit es leichter versteht, dass es vorne stehen bleiben soll. Dafür eignet sich z. B. eine Stange, die allerdings nicht wegrollen sollte, also viereckig oder gut mit Sand fixiert.

Das Endziel dieser Übung ist es, dass alle vier Hufe dicht beieinander stehen und das Pferd seine Belohnung in Bodennähe erhält, um zu einem Bogen mit schöner Rückenaufwölbung zu

Wichtig!

Beim Touchieren der Beine immer darauf achten, dass es auch einmal zu einer unerwünschten Abwehrreaktion des Pferdes kommen kann.

kommen. Wenn wir die Bergziege lediglich als Vorübung für die nächste Übung, das Liegen sehen, ist es aber nur erforderlich, dass das Pferd mit gesenktem Kopf lernt, seine Hinterhufe auf Gertenhilfe zu heben und etwas nach vorne zu setzen.

Das Liegen

Das Liegen ist für mich die Krönung der Zirkuslektionen. Es setzt absolutes Vertrauen des Pferdes in seinen Menschen voraus, da das Pferd seinen Überblick total aufgibt und auch seine Fähigkeit, schnell zu fliehen. So ist es der schönste Vertrauensbeweis und ein Geschenk, das das Pferd seinem Menschen macht. Darum sollte es auch nicht mit Zwang herbeigeführt werden, sondern nur mit freiwilliger Mitarbeit des Pferdes, wenn es soweit ist. Wann es soweit sein wird, ist bei jedem Pferd unterschiedlich. Doch auch wenn es lange dauert, es ist die Wartezeit unbedingt wert!

Man kann das Pferd schon ein bisschen ans Liegen gewöhnen, wenn man es an der Hand wälzen lässt oder auch einmal an das liegende Pferd herantritt.
Pferde, die sich in Gegenwart des Menschen wälzen oder sogar liegen bleiben, wenn der Mensch sich ihnen nähert, lernen das Liegen meist ohne größere Probleme. Wenn der Vierbeiner aber schon Probleme hat, sich im Beisein des Menschen zu wälzen, ist bei dieser Übung besonders viel Geduld und Einfühlungsvermögen gefragt.

Für den ersten Versuch suchen wir uns den Boden gründlich aus, denn er soll möglichst einladend und weich sein. Oft kann man sich auch den Wunsch des Pferdes, sich hinzulegen, zunutze

Ein riesiger Vertrauensbeweis, bei dem das Pferd seine Übersicht aufgibt und sich dem Menschen anvertraut.

machen. Dafür wählen wir eine Situation, in der sich das Pferd selbst hinlegen würde, z. B. wenn es nach dem Reiten verschwitzt ist oder an sei-

Vorsicht!

Immer an der Rückenseite des Pferdes stehen und nicht bei, vor oder gar zwischen den Beinen!

nem liebsten Wälzplatz. Auch Schnee wirkt sehr einladend.

Dann rufen wir das Knien ab und belohnen das Pferd unten seitlich, so dass es seinen Kopf etwas zur Seite drehen muss. Manche Pferde lassen sich in dieser Situation auch gleich aus dem Knien ins Liegen absinken. Dann nehmen wir das natürlich an und belohnen ausgiebig. Das korrekte Knien vernachlässigen wir im Moment zugunsten des Liegens und erarbeiten es später wieder.

Ist das nicht der Fall, sollte unser Pferd inzwischen soweit sein, dass es im Knien sicher unten bleibt, wenn wir nun seine Hinterbeine touchie-

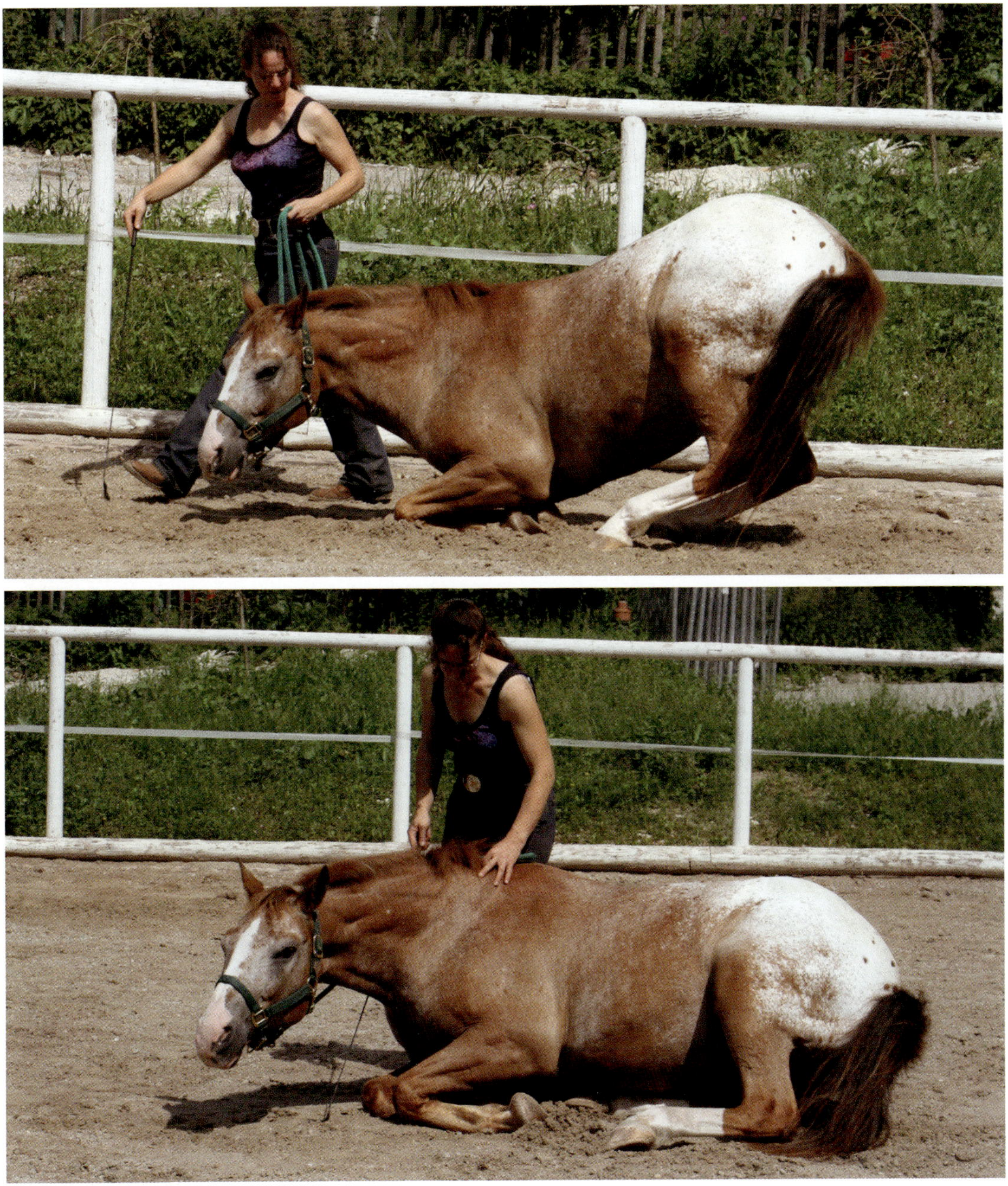

Vom Knien zum Liegen.

ren und es die Hufe nach vorne setzt. Diese Bewegung erinnert ans natürliche Hinlegen und mit etwas Glück lässt sich das Pferd nun einfach fallen und liegt. Jetzt sofort belohnen und ausgiebig füttern.

Wichtig!

Sollte das Pferd aufstehen wollen, auf keinen Fall daran hindern, sondern mit dem Kommando »Auf« aufstehen lassen. Achtung auch hier – nie auf der Beinseite stehen oder knien! Auch nicht vor dem Pferd, solange es noch nicht absolut sicher liegt. Sollte das Pferd erschrecken oder aufspringen, käme man hier nicht mehr weg und würde getreten.

Oft klappt es nicht beim ersten Mal, aber Geduld und Ruhe sind hier am allerwichtigsten und sobald sich das Pferd sicher fühlt, wird es sich auch hinlegen.

Eine andere Methode zum Liegen zu kommen ist es, das Pferd aus dem Kompliment abzulegen. Manche Pferde versuchen bereits beim Kompliment, der Anstrengung durch ein Absinken auf die Brust oder eben gleich Hinlegen zu entgehen. Wenn uns das Pferd diese neue Übung nun schon anbietet, spricht nichts dagegen, sie auch anzunehmen. Bei diesen Pferden kann man das Hinlegen auch aus dem Kompliment bewusst provozieren.
Auch wenn das Pferd von der Fußlonge schon weg ist, legen wir sie nun wieder an und halten

das Pferd so lange unten, bis es sich durch Hinlegen aus der anstrengenden Position entzieht. Dann geben wir das Kommando »Down« und füttern das liegende Pferd. Als Gertenhilfe kann man das Pferd unter dem Bauch an der Hinterseite der vorderen Röhrbeine touchieren oder auch einfach auf den Boden klopfen.
Natürlich muss man das korrekte Kompliment später wieder etwas herausarbeiten, indem wir beim Kommando »Kompliment« das Pferd nicht absinken lassen, d. h. es immer rechtzeitig aufstehen lassen.
Wichtig bei dieser Methode ist es, baldmöglichst eine Unterscheidung beider Übungen zu haben. Wenn wir vorhaben, das Pferd abzulegen, dann geben wir möglichst frühzeitig das Kommando »Down«. Soll das Pferd aber ins Kompliment gehen, dann geben wir das Kommando »Kompliment« und achten auch darauf, dass sich das Pferd nicht absinken lässt, indem wir es rechtzeitig mit dem Kommando »Auf« wieder aufstehen lassen.

Eine weitere Methode, um das Liegen zu erarbeiten ist es, das Wälzen des Pferdes bzw. seinen Wunsch danach zu nutzen. Hier verknüpfen wir das freiwillige Hinlegen des Pferdes zum Wälzen mit dem Kommando »Down«. Gleichzeitig können wir noch mit der Gerte auf den Boden klopfen, wenn es das Pferd nicht irritiert. Beide Hilfen bedeuten momentan noch gar nichts für das Pferd. Es geht hier nur darum, dass es mit der Zeit unsere Hilfen mit seiner eigenen Aktion verknüpft und als Kommando akzeptiert. Sobald das Pferd nun liegt, versuchen wir mit Futter das Wälzen zu verhindern, so dass das Pferd ruhig liegt.
Vorsicht, wenn das Pferd sich dennoch wälzen will – nicht versuchen, es mit dem eigenen Körper daran zu hindern. Einfach warten, bis es fertig

![Pferd liegt am Boden]

Wenn man es geschickt anstellt, kann man auch über das Wälzen das Liegen erarbeiten. Dabei sollte dem Pferd das Liegenbleiben z. B. durch Futter schmackhaft gemacht werden.

ist und dann vor dem Aufstehen füttern. Mit der Zeit wird das Pferd schon aufs Futter warten und von sich aus mit dem Wälzen warten, damit es etwas bekommt.

Eine Anmerkung zum Liegen: Es gibt verschiedene Methoden, ein Pferd am Boden zu halten. Die einzige für mich akzeptable Methode ist es, es dem Pferd so angenehm wie möglich zu machen. Es soll sich im Liegen wohlfühlen und das erreichen wir am Anfang am Besten durch Füttern –

lange Karotten – und viel Lob. Mit der Zeit wird das Pferd länger liegen bleiben und auf das Kommando zum Aufstehen warten. Ein Untenhalten mit Hilfe von Longe oder Zügel wäre für mich ein grober Vertrauensmissbrauch von unserer Seite!

Eine Erklärung zu den Bildern: Die Fotos zeigen mich mit meinen showerproblem Pferden, bei denen ich unter Abwägung aller Umstände auch riskieren kann, auf der Beinseite zu sitzen. **Das ist keinesfalls zur Nachahmung empfohlen!**

Wir machen dem Pferd das Liegen so angenehm wie möglich und halten es keineswegs durch irgendwelche Zwangsmaßnahmen auf dem Boden.

Das Flachliegen

Das Flachliegen oder Totliegen ist ein immens großer Vertrauensbeweis, denn flach auf dem Boden hat das Pferd überhaupt keinen Überblick mehr und muss sich voll auf seinen Menschen verlassen.

Wenn das Pferd verfressen ist, kann man es einfach nach seitlich hinten in einem Bogen runterfüttern. Das klappt meistens sehr gut – nur bitte auf die Finger aufpassen! Dabei hockt man am Besten auf der Rückenseite des Pferdes und füttert es vorne an der Brust. Wenn es dabei ruhig bleibt und genüsslich frisst, kann man beginnen es den Hals etwas mehr strecken zu lassen und

Wichtig!

Gerade beim Flachliegen sollten wir auf jede Art von Zwang verzichten. Wenn das Pferd mit den beschriebenen Methoden nicht zum Flachliegen zu verleiten ist, ist es einfach noch nicht so weit und jede Anwendung von Zwangsmaßnahmen wäre ein großer Vertrauensmissbrauch unsererseits.

Ein großes Geschenk – Cisco legt sich mitten in der Showarena flach hin, obwohl um ihn herum fremde Pferde geritten werden und Kutschen fahren.

schließlich Richtung Boden und hinten in unsere Richtung zu füttern. Gelassene Pferde lassen sich dann meist umfallen. Dann natürlich ausgiebig loben und auch weiterfüttern. Das Leckerli dabei seitlich ins Maul schieben.

Die andere Möglichkeit ist es, den Kopf des Pferdes am Strick Richtung Bauch zu ziehen und das Pferd dann auf die Seite zu rollen. Da dies doch mit etwas Zwang verbunden ist, ist hier besonders auf Widerstand des Pferdes zu achten und auch zu **beachten!** Wenn das Pferd aber schon Sicherheit im Liegen gewonnen hat, ist das meist kein Problem mehr und das Pferd wird sich einfach nach hinten abrollen. Dabei etwas auf-

passen, da manche Pferde sich ein bisschen erschrecken und dann gleich wieder hochkommen. Das ist nicht schlimm, das Pferd hochkommen lassen und dann gleich noch mal probieren.

Ruhige und gelassene Pferde lassen sich auch oft einfach am Widerrist nach unten ziehen. Dazu stehen wir natürlich wieder auf der Rückenseite und schaukeln das Pferd am Widerrist sachte hin und her. Wenn es dabei ruhig bleibt, ist oft nur noch ein kleiner Schubs nötig und es lässt sich komplett umfallen.

Sollte es so nicht funktionieren, dann ist der richtige Zeitpunkt noch nicht da und das Pferd hat

Stück für Stück wird Cisco mit Hilfe eines Leckerlis und leichtem Zug am Strick dazu verleitet, den Kopf Richtung Bauch zu führen und sich nach hinten fallen zu lassen.

einfach noch nicht genügend Sicherheit im Liegen gewonnen, um sich ganz flach hinzulegen. Mit der Zeit wird das jedoch von ganz alleine kommen, ohne dass wir in irgendeiner Weise viel Druck machen müssen. Wir versuchen einfach, die Liegezeit im Aufrechtliegen weiter auszudehnen, indem wir es dem Pferd unten sehr angenehm machen – Leckerli, Karotten oder einfach nur Streicheleinheiten, je nach Pferdetyp. Je entspannter das Pferd ist, desto schneller kommen wir zu unserem Ziel, das Pferd ganz flach hinzulegen.

Das Sitzen

Das Sitzen wird aus dem Liegen entwickelt. Nicht jedes Pferd wird diese Übung erlernen; hierbei sollte man Rücksicht auf die einzelnen Vorlieben nehmen. Besonders geeignet für das Sitzen sind Pferde, die von sich aus bereits sehr ruhig und langsam aufstehen, während Pferde, die aufspringen, sich mit dieser Übung sehr schwer tun.

Von der Methode, das Pferd beim Aufstehen mit dem Zügel abzustoppen, halte ich persönlich

*Zuerst streckt Dusty auf Gertenhilfe
schon brav die Beine nach vorne.*

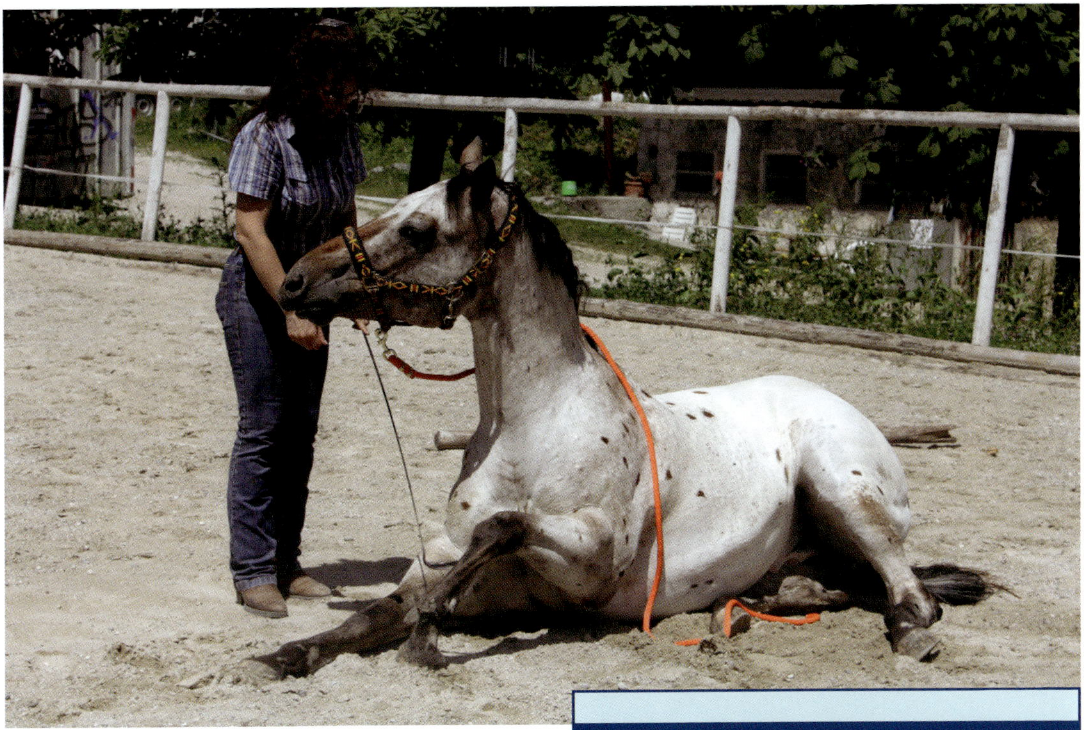

nicht viel. Besser finde ich es, dem Pferd mit Leckerli den Weg zu weisen.

Dafür brauchen wir zuerst mal ein Pferd, das bereits ruhig liegen bleibt und erst auf Kommando aufsteht. Bei dieser Übung haben wir nun eine Verbindung zu der Übung des Spanischen Schritts, dessen Anfänge das Pferd möglichst schon kennen sollte. Das Pferd kennt es bereits, dass es auf Touchieren die Beine strecken soll. Als erstes touchieren wir beim liegenden Pferd einzeln die Vorderbeine etwa auf

Wichtig!

Immer auf der den Beinen abgewandten Seite stehen und aufpassen, wenn das Pferd aus dieser für es ungewohnten Position aufsteht.

Die meisten Pferde machen dabei einen kleinen oder größeren Ausfallschritt zur Seite mit einem Vorderbein. Das landet dann oft auf dem Fuß des daneben stehenden Menschen und ein aufstehendes Pferd stützt sich recht heftig ab, was dem Fuß darunter nicht gerade gut bekommt.

Mit Leckerli und leichtem Touchieren geht es in kleinen Schritten weiter nach oben bis zum Sitzen.

Ellbogenhöhe oder am Unterarm, damit es die Beine gerade nach vorne ausstreckt. Zuerst das oben liegende und daher leichter zu streckende Bein touchieren, dann das andere.

Sobald das gut sitzt, kann man dazu übergehen die Beine leicht vorne am Röhrbein zu touchieren, damit das Pferd nun langsam nach oben

geht – gleichzeitig wird das Pferd hochgefüttert. Diesen Touchierpunkt kennt das Pferd bereits vom Kompliment; das Touchieren dort signalisiert ihm, die Beine wegzuziehen. Anfangs werden das nur einige Zentimeter sein, aber auch hier gilt es wieder, gleich die ersten Ansätze zu loben und sich langsam nach oben zu arbeiten.

Was so gemütlich und einfach aussieht, ist für das Pferd anfangs sehr anstrengend.

Diese Übung ist für das Pferd sehr anstrengend, darum geben wir uns am Anfang auch mit einigen Handbreit zufrieden. Wenn möglich lassen wir das Pferd wieder hinlegen, eventuell flachliegen und dann erst aufstehen, damit es das Sitzen nicht mit dem Aufstehen in Verbindung bringt. Sollte das nicht gelingen und das Pferd aufstehen, halten wir es nicht mit Gewalt – allenfalls mit einem Leckerli – davon ab, sondern geben sofort das Kommando »Auf« dazu und mogeln damit etwas, damit das Pferd meint, wir hätten es bewusst aufstehen lassen.

Es wird einige Zeit dauern, bis das Pferd wirklich gut und hoch aufgerichtet sitzt, aber mit kleinen Schritten kommt man bei dieser Übung gut zum Erfolg.

3
Die Offensiv-Übungen

3. Die Offensiv-Übungen

Die Offensiv-Übungen haben immer auch eine aggressive Komponente in sich, da sie aus dem Kampf- und Imponierverhalten abgeleitet sind. Unsere Aufgabe ist es, diese Übungen so beizubringen, dass das Pferd sie ohne Aggression in einer entspannten Atmosphäre erlernen kann.

Wichtig ist es, dass das Pferd zuerst die Basis erlernt hat, bevor wir uns an diese Übungen machen. So sollte das Kompliment bereits an der Fußlonge sicher sitzen, wenn wir die ersten Schritte in Richtung Offensiv-Übungen machen.

Gerade bei diesen Übungen ist darauf zu achten, dass unser Sicherheitsabstand gewahrt bleibt. Das Pferd darf besonders beim Spanischen Schritt nicht in unseren Bereich eindringen. Sollte das Pferd bei einer dieser Übungen zu eifrig und heftig oder gar aggressiv werden, so weisen wir es zurecht und brechen die Übung vorübergehend ab. Anschließend lassen wir es eine Übung zur Unterordnung machen wie z. B. das Kompliment oder Rückwärtsrichten. Führt das

Pferd diese ruhig und gelassen aus, ist es sofort zu loben, bevor wir uns wieder ruhig der abgebrochenen Übung widmen.

Wenn das Pferd den Spanischen Gruß oder Schritt beherrscht, dann ist besonders darauf zu achten, ihn nicht aus Versehen auszulösen. Also bitte nicht vor dem Pferd achtlos mit der Gerte herumspielen – das könnte das Pferd als Signal für den Spanischen Schritt missdeuten und entsprechend reagieren. Für uns unter Umständen schmerzhaft, wenn wir zu nah stehen, für das Pferd nur eine logische Reaktion.

Der Spanische Gruß

Der Spanische Gruß ist eine Vorübung zum Spanischen Schritt, aber auch eine eigenständige Übung. Das Pferd soll dabei ein Vorderbein heben, gestreckt nach vorne führen und auch oben halten.
Wie immer brauchen wir auch hier eine Aktion des Pferdes, die wir dann entsprechend belohnen und verstärken können. Dazu versuchen wir, das Pferd zum Heben des Vorderbeins zu verleiten.

Als erstes geben wir dem Pferd eine seitliche Begrenzung, indem wir es seitlich an die Bande oder an den Zaun stellen. Wir beginnen auf der linken Hand, da es den meisten Menschen leichter fällt, mit rechts zu touchieren, und am Anfang sollten wir es uns so einfach wie möglich machen. Den Zügel bzw. Führstrick halten wir in der linken Hand und stellen uns vor das Pferd. Dabei ist auf ausreichend Abstand zum Pferd zu achten, der auch immer gleich bleiben sollte.

Wichtig!

Vor allem bei Hengsten ist darauf zu achten, nicht der Versuchung zu erliegen, einen Erregungszustand auszunutzen, um leichter zum Ziel zu kommen. Dies führt meist dazu, dass das Pferd in der Übung nicht mehr kontrollierbar ist.

Der Spanische Gruß.

Um eine Reaktion zu bekommen, versuchen wir es mit Touchieren über dem Ellbogen. Unser Ziel ist es, das Pferd einfach etwas zu nerven, bis es das Vorderbein hebt oder auch mit dem Fuß aufstampft. Dann sofort aufhören mit Touchieren, die Gerte deutlich wegnehmen und ausgiebig loben und belohnen. Am Anfang wird jedes Hebens des Beins, und sei es noch so niedrig, sofort belohnt. Es wird einige Wiederholungen brauchen, bis das Pferd auf das Touchieren entsprechend reagiert. Jetzt bitte nicht erwarten, dass sofort ein ausdrucksvoller Schritt herauskommt. Bis zum Endziel dauert es meist ein Weilchen. Um das zu erreichen, belohnen wir, nachdem das Pferd den Sinn des Touchierens begriffen hat, nicht mehr jedes Anheben des Beins, sondern nur noch das etwas höhere Beinheben. Mit der Zeit wird das Pferd das Bein auch hoch heben. Natürlich wiederholen wir das Ganze dann auch auf der anderen Seite.

Mögliches Problem: Das Pferd reagiert nicht wie gewünscht auf das Touchieren. Es zappelt herum, geht rückwärts oder rührt sich gar nicht mehr.
In dem Fall versuchen wir es mit einem kleinen Trick. Dazu brauchen wir einen Helfer, der das Pferd etwas ärgert. Der Helfer steht seitlich am Pferd, etwa auf Höhe der Schulter und piekst das Pferd mit einem spitzen, nicht scharfen Gegenstand, z. B. einem stumpfen Hufnagel oder Hufkratzer, leicht am Ellbogen, wie eine lästige kleine Fliege. Die meisten Pferde reagieren rasch genervt und stampfen mit dem Fuß auf. Das ist natürlich sofort zu belohnen, auch wenn das Pferd das Bein nur leicht heben sollte. Es sollte jedoch nicht zurück- oder vortreten.
Achtung – manche Pferde versuchen auch, die lästige Fliege mit dem Hinterbein zu beseitigen. Dann zurechtweisen, wieder ruhig hinstellen und von vorne beginnen.
Sobald die Reaktion auf die Piekserei zuverlässig erfolgt, stellen wir auf Gerte um. Dazu touchiert der vor dem Pferd Stehende den Oberarm wie bereits erwähnt und zusätzlich wird noch mal gepiekst. Meist begreift das Pferd sehr schnell, dass es nun auf die Gerte allein zu reagieren hat, und wir können die unmittelbare Piekserei sein lassen.

Für die Entwicklung des Spanischen Schritts reicht uns ein Hochheben des Beins auf Antippen oder Touchieren mit der Gerte. Sobald das zuverlässig auf beiden Seiten funktioniert, können wir schon zum nächsten Schritt auf dem langen Weg zum korrekten Spanischen Schritt weitergehen – der Polka.

Mögliches Problem: Das Pferd reagiert etwas zu stark und fängt beim Touchieren an zu steigen.
Das hat bei den meisten Pferden nichts mit Aggression zu tun, sondern ist meist eine Mischung aus Verwirrung und Überreaktion. Meistens ist es verbunden mit einem Zurückweichen beim Steigen oder Hochhüpfen.
Diese Pferde erfordern einfach eine ruhige Vorgehensweise. Also ignorieren wir das Steigen,

Ein Helfer steht an der Seite des Pferdes und provoziert durch Pieksen ein Reaktion mit dem Vorderbein, die sofort belohnt wird.

stellen das Pferd wieder korrekt auf seinen Platz, lassen es zur Ruhe kommen und touchieren ganz leicht wieder. Sobald wir die korrekte Reaktion bekommen, loben wir ausgiebig und legen eine Pause ein.

Um einen ausdrucksvollen Spanischen Gruß zu entwickeln ist es nötig, dass das Pferd das Bein erhoben hält, solange es ein Signal dafür erhält. Wenn wir nun schon erreicht haben, dass das Pferd das Bein auf ein Touchieren, Antippen oder eventuell auch nur Hinzeigen das Bein hoch hebt, dann versuchen wir eine Verknüpfung zur erho-

ben gehaltenen Gerte herzustellen. Im ersten Moment nehmen wir die Bewegung des Pferdes an und geben die passende Hilfe dazu, d. h. wir passen die Hilfe dem Angebot des Pferdes an. Als Endziel sollte das Pferd das Bein solange oben halten, wie wir die Gerte auch erhoben halten und es erst zusammen mit der Gerte absenken. Für den Anfang machen wir die Bewegung des Pferdes mit und versuchen dann langsam, die Haltephase zu beeinflussen, indem wir ausprobieren, wie lange das Pferd das Bein schon hält und auf die Gerte reagiert. Meist dauert es nicht lange, bis das Pferd von sich aus eine Verknüpfung mit der Gertenhilfe herstellt. Nicht verzagen, wenn es doch etwas länger dauert, nicht jedes Pferd ist ein Blitzmerker und manchmal kann es auch ein Weilchen dauern, bis ihnen ein Licht aufgeht.

Die Polka

Bei der Polka lernt das Pferd, das gestreckte Bein mit der Schrittbewegung zu verbinden. Es soll nun wechselseitig bei jedem dritten Schritt einen ausholenden großen Schritt mit einbauen, ohne den Rhythmus zu unterbrechen.

Der Spanische Schritt und natürlich auch die Vorstufe Polka gehören zu den aggressiven Übungen und sollten mit einiger Vorsicht gelehrt werden. Außerdem ist dabei zu beachten, dass das Pferd diese Übung durchaus auch ungefragt zeigen kann und meistens auch wird. Sie kann auch durch unbedachte Gertenbewegungen ausgelöst werden kann. Manche Pferde werden hierbei übermäßig aggressiv, während andere, eher schüchterne Naturen oft geradezu aufblühen und an Selbstbewusstsein gewinnen.

Für die Arbeit am Spanischen Schritt bzw. an der Polka fassen wir den Strick etwa 10–20 cm unterhalb des Mauls, damit wir den Kopf besser unter Kontrolle haben und das Pferd auch gut auf Abstand halten können. Sollte es uns zu dicht auf den Pelz rücken, reicht meist eine kurze Aufwärtsbewegung, um es wieder an seine guten Manieren zu erinnern.

Als Hilfe stellen wir das Pferd für diese Übung an die Bande oder Zaun und beginnen mit dem inneren Bein. Hier ist nun besonders die Koordinationsfähigkeit des Zweibeiners gefragt. Das

Wichtig!

Gerade wenn wir vor dem Pferd stehen, müssen wir immer auf einen ausreichenden Sicherheitsabstand achten. In unseren persönlichen Sicherheitsbereich – bei Pferden mit langen Beinen kann der schon mal ein bisschen größer ausfallen – darf das Pferd nicht eindringen, und das muss ihm auch deutlich gemacht werden. Meist reicht dafür ein Zupfen am Strick oder ein Schütteln in Richtung Maul. Auf der anderen Seite heißt das aber auch, dass wir nicht in den Sicherheitsbereich des Pferdes eindringen und es nicht »angreifen«.

Pferd kann jetzt schon auf Kommando das Bein hochheben und als nächsten Schritt ziehen wir das Pferd in dem Moment, in dem es das Bein oben hat, mit dem Strick nach vorne. So wird aus dem bloßen Beinheben gleich ein Schritt nach vorne. Diese Schrittbewegung lassen wir das Pferd nun weiter ausführen und gleich noch drei weitere normale Schritte machen, bevor wir den nächsten Polkaschritt auf der gleichen Seite fordern. Sollte es mit der Koordination noch nicht so klappen, dann kann man auch den Spanischen Schritt erst noch im Stehen fordern und das Bein absetzen lassen, bevor es im Schritt weiter geht. Das erleichtert das Neusortieren für beide Partner.

Mit der Zeit sollte das Pferd vor dem Anheben des Beins auch nicht mehr zum Stehen kommen, sondern es aus der Schrittbewegung heraus aus-

Nach dem schönen hohen Schritt geht es gleich weiter.

führen und den Spanischen Schritt auch als Schritt nach vorne beenden.

Das hört sich relativ leicht an, stellt aber schon hohe Anforderungen an den richtigen Zeitpunkt. Darum begnügen wir uns am Anfang auch mit einer Seite. Hilfreich ist es auch, das Pferd vor dem Touchieren abzustoppen, z. B. indem wir die zügelführende Hand heben, damit sowohl Mensch wie auch Pferd etwas mehr Zeit haben, sich zu sortieren. Beim Abstoppen mit der hohen Hand bringen wir gleichzeitig auch den Kopf des Pferdes nach oben. Das macht die Schulter frei und erleichtert dem Pferd das Hochheben des Beins. Mit der Zeit und zunehmendem Geschick entfällt das Abstoppen dann.

Das ist noch keine richtige Polka, für die wir das wechselseitige Beinheben im Dreierschritt auf beiden Seiten brauchen, aber es ist einfacher, es Seite für Seite zu erlernen und erst dann zusammenzufügen.

Wichtig!

Zentral ist hier der richtige Zeitpunkt der Hilfengebung. Das Signal zum Vorwärtsgehen ist nur erfolgreich, wenn es am höchsten Punkt des Beinhebens gegeben wird. Das Signal – touchieren – zum Beinheben ist nur sinnvoll, wenn das Pferd mit dem Bein gerade abfußt.

Sobald das Pferd auf der einen Seite gut auf die Signale reagiert, auch wenn es noch nicht perfekt klappt, versuchen wir es auch von der anderen Seite.

Wenn sowohl Pferd als auch Mensch bei dieser Übung einige Sicherheit erlangt haben – und das kann durchaus einige Zeit dauern, nicht ungeduldig werden – bauen wir diese Übung zur Polka zusammen.

In Vollendung sieht diese Übung so aus, dass das Pferd in der Schrittbewegung bleibt und das rechte Bein im Spanischen Schritt hebt, dabei einen großen ausholenden Schritt macht und zwei Schritte normal weitergeht, bevor es das linke Bein wieder im Spanischen Schritt hebt etc. Das Pferd wird den Rhythmus bald begriffen haben, mitzählen und schon auf die Hilfe warten. Als verbales Kommando eignet sich z. B. »Paso«.

Um dahin zu gelangen ist einiges an Übung und Zeit erforderlich und man sollte nicht der Versuchung erliegen, zu schnell den Spanischen

Wichtig!

Wie später im Spanischen Schritt, so gilt auch bei der Polka: Nie damit aufhören, sondern anschließend noch eine Unterordnung fordern. Das kann einfaches Rückwärtsweichen sein oder auch das Kompliment. Das Pferd könnte es sonst missverstehen, dass der nette Zweibeiner dauernd nach hinten vor ihm weicht und es auch noch nach ihm treten darf.

Schritt, also eine Beinhebung bei jedem Schritt zu fordern! Übereifrige Pferde werden das durchaus schon anbieten.

Die Polka ermöglicht es dem Pferd, bei den normalen Schritten gut mit der Hinterhand nachzutreten und so schön im richtigen Schrittrhythmus zu bleiben.

Je besser, flüssiger und ausdrucksstärker die Polka bereits klappt, desto leichter und schöner wird dann später auch der Spanische Schritt.

Mögliches Problem: Ein dominanter oder besser gesagt in der Herde höher gestellter Vierbeiner wird etwas hektisch und heftig.
Sie sehen das Heraustreten als Herausforderungen und wissen nicht recht, wie sie damit umgehen sollen. Bei diesen Pferden ist Ruhe wichtig. Sie müssen den Spanischen Schritt in absolut ruhiger Atmosphäre lernen. Wir fordern bei solchen Pferden den Spanischen Schritt erst, wenn sie ruhig stehen. Ein Ausholen mit dem Vorderbein, loben, wieder ruhig stehen – dann erst weiter. So machen wir ihnen auf ruhige, einfache Art klar, dass es eine bloße Übung ist, keine Herausforderung. Am Schluss das Rückwärts oder Kompliment nicht vergessen!

Mögliches Problem: Das Beineheben hat schon gut funktioniert und auch die Anfänge zur Polka, aber auf einmal mag das Pferd nicht mehr und bleibt einfach stehen.
Hier hilft nur Pause machen und es dann noch mal versuchen, um dann sofort ausgiebig zu loben und belohnen. Die Ursache ist meistens, dass wir vor lauter Konzentration auf die richtige Schrittfolge und den Touchierzeitpunkt ganz vergessen haben zu loben und das Pferd nun unsi-

Das Touchieren auf beiden Seiten beim Mitgehen an der Seite erfordert einiges Geschick.

cher wird, ob es weiter so offensiv auf seinen Menschen zugehen darf. Hier braucht es ein bisschen Überzeugungsarbeit, dass das im Moment schon in Ordnung ist, und schon funktioniert es wieder.

Mögliches Problem: Das Pferd wird immer schneller und kommt uns zu nahe.
Auch hier liegt die Ursache darin, dass wir durch die Konzentration auf die Hilfen vergessen haben, das Tempo des Pferdes zu kontrollieren und ihm mit der Zügelhand Halt zu geben. Also einfach die ganze Sache langsamer angehen und gut darauf achten, dass das Pferd beim weiten hohen Schritt nicht zu sehr nach vorne kippt.

Der Spanische Schritt

Bisher haben wir eifrig die Polka geübt. Sobald das gut und flüssig klappt, können wir uns an die ersten Schritte im Spanischen Schritt wagen.
Die Hilfen bleiben genau gleich, nur dass wir nun bei jedem Schritt das Beinheben fordern. Anfangs nur drei bis vier Schritte in Folge, bevor wir das Pferd wieder normal gehen lassen, damit die Hinterhand wieder gut mitkommt und untertritt.

Wichtig ist nun, nicht gleich übereifrig zu werden und zu viele Schritte auf einmal zu fordern. Der flüssige Schrittrhythmus soll dabei immer erhalten bleiben, und das erfordert viel Übung!

Die weitere Entwicklung zum Spanischen Schritt ist hauptsächlich eine Sache von Übung und Timing, wobei nicht jedes Pferd gleich talentiert ist und eben auch seine individuelle Zeit braucht. Von den Anfängen bis zum ausdrucksvollen Spanischen Schritt kann es je nach Talent durchaus einige Jahre dauern. Also bitte nicht ungeduldig werden.

Bisher standen wir beim Abrufen des Spanischen Schritts immer vor dem Pferd, damit die Vorwärtsbewegung erhalten bleibt. Sobald wir nun merken, dass das Pferd den Rhythmus im Spanischen Schritt bereits gut aufnimmt, auf das bloße Zeigen der Gerte reagiert und schon von sich aus nach vorne geht, ist es Zeit für den nächsten Schritt.

Dabei gehen wir seitlich auf Schulterhöhe neben dem Pferd und tippen es etwas über Ellbogenhöhe mit der Gerte an. Für das uns abgewandte Bein ist einiges an Geschick erforderlich, da wir nun vor der Brust das andere Bein bzw. die Schulter touchieren müssen. Hierbei kommt es wieder auf das Geschick beim Touchieren an, um dem Pferd zum richtigen Zeitpunkt das Signal zu geben. Mit den nun etwas veränderten Touchierpunkten haben die meisten Pferde keine Probleme.

Das Steigen

Das Steigen ist eine sehr beeindruckende Übung, die, wenn sie falsch erlernt wird, nicht ungefährlich ist. Sie wird aus dem Spanischen Gruß entwickelt und langsam aufgebaut.

Gerade bei dieser Übung sollte man immer die eigene Sicherheit im Auge behalten und auf keinen Fall einen Erregungszustand des Pferdes ausnutzen und es bedrängen, damit es ins Steigen geht.

Wie immer sind auch hier die Anfänge ganz klein. Der einfachste Weg ist es, mit zwei Gerten zu arbeiten. Das Pferd kennt schon den Spanischen Gruß und nun wollen wir nicht ein, sondern beide Vorderbeine in der Luft haben.

Also stellen wir uns mit beiden Gerten vor das Pferd und touchieren beide Ellbogen. Wenn das Pferd nun total überrascht einen kleinen Minihopser macht, dann natürlich wieder sofort loben und ausgiebig belohnen. Gleichzeitig mit dem Hopser nehmen auch wir die Arme mit Gerten deutlich nach oben. Später ist das dann auch das Zeichen zum Steigen, wenn wir nur noch eine Gerte haben. Als Kommando eignet sich z. B. ein »Hoch«.

Aus diesem kleinen Minihopser entwickelt sich nun langsam das Steigen, indem wir, wenn die Übung gefestigt ist und das Pferd weiß, was wir von ihm wollen, nur das etwas höhere »Steigen« bzw. am Anfang eher Hopsen belohnen. Sobald das Pferd begriffen hat, was es tun soll, kommt auch das Wortkommando »Hoch« dazu.

> ## Wichtig!
>
> *Auch von der Seite immer nur einige Schritte fordern und das Pferd dann wieder flott vorwärts gehen lassen. Sollte das Pferd im Spanischen Schritt verhalten oder zögerlich werden, wechseln wir einfach die Führposition, bis das Pferd den Rhythmus wieder gefunden hat.*

Wenn das Pferd die Vorderbeine hebt, hebt auch der Mensch als Signal Arme und Gerte.

Mögliches Problem: Das Pferd hopst nur leicht auf der Stelle und geht nicht höher.
Hier hat das Pferd oft Probleme, das Gewicht gut auf die Hinterhand zu verlagern, was sehr anstrengend ist. Mit der Zeit wird das Pferd sich besser setzen, wenn wir weiter probieren und es mit Lob bestärken. Vielleicht sind wir einfach zu schnell vorgegangen und das Pferd braucht noch

Zeit, um sich sowohl physisch wie auch psychisch mit der Übung auseinander zu setzen.

Eine andere Möglichkeit um weiter zu kommen ist es, mit zwei Helfern zu arbeiten, die das Pferd mit jeweils einer Longe an der Seite des Halfters etwas zurück halten und ihm Führung nach hinten-oben geben. Weil das Pferd hierbei eingeengt wird ist es

wichtig, auf Zeichen von Unbehagen des Pferdes zu achten. Manchen Pferden ist das alles zu eng, während andere die Führung brauchen.

Mögliches Problem: Das Pferd versteht nicht, dass es beide Vorderbeine vom Boden lösen soll. Die einfachste Methode ist es, einfach beide Ellbogen/Unterarme sehr schnell mit zwei Gerten wechselseitig zu touchieren. Die meisten Pferde fangen irgendwann an zu trippeln und dann zu hopsen. Dann wieder loben. Bei den eher introvertierten Typen hilft es, wenn man den Spanischen Gruß öfter wechselseitig abruft. Wenn das Pferd gut und prompt darauf reagiert, gehen wir wieder zum gleichzeitigen Touchieren über und schon funktioniert der erste Hopser. Danach sofort loben, Pause, nachdenken lassen.

Der Weg zum Steigen ist sehr lang und man sollte sich gut überlegen, ob man seinem Pferd diese Übung beibringen will. Hoch erhobene Hände oder Gerten können später auch leicht zu Missverständnissen führen. Ohne Zweifel ist es aber eine beeindruckende Lektion, die immer wieder fasziniert.

Wichtig!

Das Pferd nicht zu stark bedrängen! Wenn es auf die Gertenhilfen stark zurückweicht, zeigt es, dass es unserem Angriff nachgibt und ausweicht. Nicht weiter nachgehen, wenn es unsicher wird, sondern das Pferd wieder nach vorne holen, hinstellen und noch mal mit leichteren Hilfen versuchen.

Nach langem Üben sieht das Steigen irgendwann so aus, wie es der stolze Carlito hier präsentiert.

Das Podest

4

4. Das Podest

Das Besteigen des Podestes ist für die meisten Pferde eine sehr beliebte Übung, wenn sie einmal damit vertraut gemacht wurden. Schließlich hat man von dort oben einen tollen Überblick und kann sich alles in Ruhe anschauen.

Um mit dem Training am Podest zu beginnen, braucht man natürlich zuallererst ein Podest, und damit beginnen meist schon die ersten Schwierigkeiten. Doch am Anfang kann man sich sehr gut behelfen, indem man etwas handwerkliches Geschick an den Tag legt.

So beginnt die Arbeit am Podest meist als Heimwerker. Am besten nimmt man dazu eine Europalette und verstärkt sie durch darüber geschraubte Bretter, und schon hat man ein kleines Podest, um damit zu beginnen. Später kann man auch zwei bis drei Paletten übereinander legen. Dabei allerdings immer darauf achten, dass sie gut befestigt und miteinander verbunden sind. Durch die relativ geringe Höhe und doch sehr

große Breite fällt es den meisten Pferden leicht, sich an dieses unbekannte Hindernis heranzuwagen.

Am Besten eignet sich natürlich ein richtiges Podest aus Alu, das mit den runden Kanten und breiterem Boden gut steht, aber auch mit den Paletten kann man schon sehr gut üben.

Am Anfang greift man bei der Arbeit am Podest möglichst wenig ein und lässt das Pferd einfach die Initiative ergreifen und sich dieses unbekannte Ding einmal in aller Ruhe allein anschauen. Die meisten Pferde sind sehr neugierig und untersuchen es gleich ausgiebig. Sollte sich ein besonders vorsichtiger Vierbeiner nicht so recht rantrauen, kann man es ihm mit darauf gelegten Leckerli schmackhaft machen.

Wenn das Pferd vor dem Podest steht, nutzen wir eine bereits bekannte Übung, um das erste Bein aufs Podest zu bringen. Wir geben einfach die Hilfe zum Spanischen Gruß, und schon steht ein Bein drauf. Jetzt natürlich wieder loben und belohnen.

Für das andere Bein gibt es verschiedene Methoden. Entweder wir touchieren nun das noch auf dem Boden stehende Bein und Pferde, die sich gut auf die Hinterhand setzen, werden das auch gleich verstehen und das zweite Bein auch noch draufsetzen. Als kleine Hilfe dazu kann man noch leichten Zug nach vorne am Führstrick ausüben, damit das Pferd versteht, in welche Richtung es sich bewegen soll. Und schon steht der Vierbeiner zumindest mit zwei Beinen oben.

Wichtig!

Egal was man sich als Podest aussucht, es ist immer auf die Standfestigkeit und die Verletzungssicherheit zu achten. Es sollten möglichst nur runde Kanten vorhanden sein. Für die Kippsicherheit ist wichtig, dass das Podest unten breiter als oben ist.

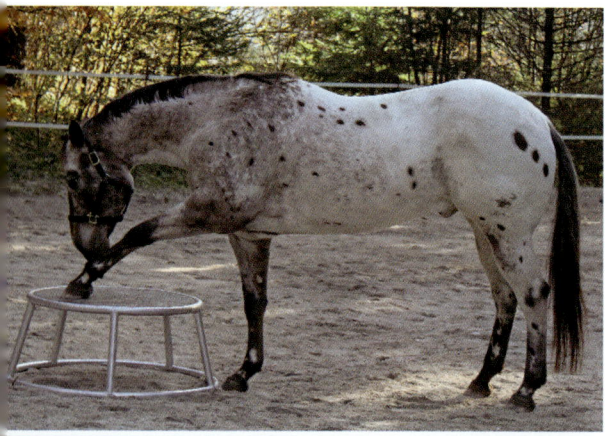

oben: Erste Kontaktaufnahme.

Mitte: Hier erfolgt durch Touchieren das Signal für das zweite Bein.

unten: Jetzt sollen auch die Hinterbeine auf das Podest. Das klappt meist, indem man mit einem Leckerli lockt.

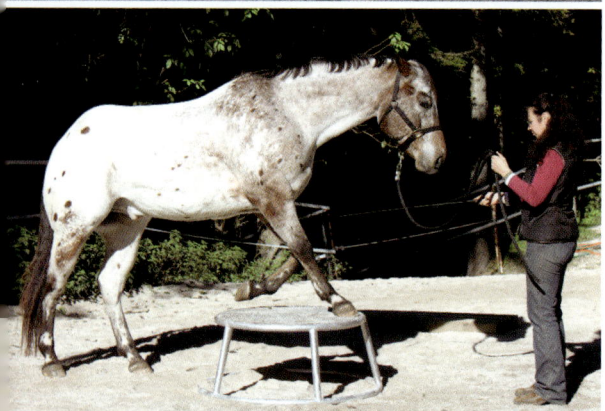

Er wird gleich genießen, dass er nun so einen tollen Überblick hat.

Beim nächsten Mal verbindet man das Aufsteigen auf das Podest mit einem Kommando wie z. B. »Auf« und geht wie beim ersten Mal vor, wenn das Pferd nicht schon von sich aus anbietet, auf das Podest aufzusteigen.
Das Absteigen erfolgt mit dem Kommando »Ab« wieder in die gleiche Richtung, also mit einem Rückwärtsrichten, und das Pferd zieht die Beine einfach wieder vom Podest.

Der nächste Schritt wäre nun, das Pferd über das Podest zu führen. Es soll also von hinten aufsteigen und vorne wieder absteigen. Hierbei lassen wir das Pferd wieder mit dem bekannten Kommando aufsteigen und locken es dann mit einem Leckerli nach vorne wieder herunter. Gleich nach dem Absteigen nach vorne stoppen wir es ab und belohnen wieder ausgiebig.

Natürlich klappt das Abstoppen auf dem Podest nicht gleich beim ersten Mal, aber der Vierbeiner wird schon bald auf das Leckerli warten und von sich aus langsamer werden. Dann ist es nur noch ein kleiner Schritt, bis alle Viere auf dem Podest sind.

Mögliches Problem: Das Pferd steht brav mit zwei Beinen auf dem Podest und versucht die Hinterbeine nachzuziehen, kommt aber nicht hoch genug oder stellt sie nicht richtig ab.

Hier ist das Pferd durchaus willig, findet aber nicht die richtige Position für die Hinterbeine. Meistens passiert das nur bei höheren Podesten, und genau darin liegt auch die Lösung. Sobald wir das Podest für den Anfang niedriger machen, klappt es problemlos. Wenn das nicht möglich ist, stellen wir einfach eine Stufe dazwischen, z. B. eine weitere Palette zum Aufsteigen wie bei einer Treppe.

Entweder nehmen wir die Erhöhung dann wieder schrittweise weg, sobald das Pferd sicher im Aufsteigen ist, oder entfernen sie einfach ganz, wenn es nur eine kleine Erhöhung war. Oft reichen hier schon 5–10 cm, damit es klappt.

Eine nette zusätzliche Übung ist dann z. B. auch der Spanische Gruß, wenn das Pferd mit den Vorderbeinen auf dem Podest steht. Auch das Herumgehen mit den Hinterbeinen klappt meist sehr gut. Das Herumgehen mit den Vorderbeinen, wenn das Pferd hinten auf dem Podest steht, halte ich für eine zu große Belastung für die Wirbelsäule und mache es daher auch nicht.

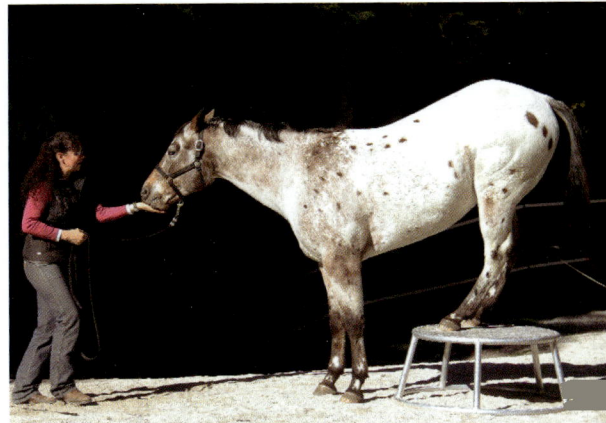

Beim Absteigen versucht man, das Pferd anzuhalten, sobald beide Vorderbeine auf dem Boden sind. Dann gibt es natürlich eine Belohnung.

Alle Viere auf dem Podest – und Dusty genießt den Ausblick.

Showtricks

5

5. Showtricks

Durch die Arbeit an den klassischen Zirkuslektionen haben wir bereits gut gelernt, wie unser Pferd auf Lob und Belohnung reagiert und wie wir ihm am besten Neues vermitteln können. Showtricks sind eine nette Ergänzung zur normalen Arbeit mit dem Pferd, haben meist zwar keinen gymnastischen Nutzen, aber das Lernverhalten wird dadurch positiv beeinflusst.

Ja- und Nein-Sagen

Ein schöner Trick für kleine Vorführungen ist das Ja- und Nein-Sagen. Die meisten Pferde erlernen das sehr schnell. Wir gehen dabei ähnlich vor wie beim Spanischen Gruß, indem wir einen Reiz auslösen und mit einem Stimmkommando und Belohnung verknüpfen.

Für das Nein-Sagen lösen wir den Reiz etwa in der Mitte des Halses am Mähnenkamm aus. Dabei hilft uns wieder unser Hufnagel oder Hufkratzer, mit dem wir das Pferd etwas pieksen. Meist folgt darauf recht schnell ein unwillkürliches Kopfschütteln, das wir entsprechend belohnen. Die Verknüpfung dauert in der Regel nicht lange. Am Schluss reicht dann schon ein Hinzeigen auf den Mähnenkamm, und das Pferd zeigt das gewünschte Schütteln.

Für das Nein-Sagen wird der Reiz zunächst am Mähnenkamm ausgelöst.

Wichtig!

*Bitte nicht als Wortkommando »Nein« ver-
wenden. »Nein« ist ein Wort, das wir auch
im Umgang oft benutzen, wenn das Pferd
etwas Unerwünschtes tut.
Es wäre doch etwas verwirrend für beide
Seiten, wenn das Pferd auf den Tadel mit
Kopfschütteln reagiert.*

Beim Ja-Sagen lösen wir den Reiz zum Nicken mit dem Kopf an der Brust aus. Unser spitzer Gegenstand löst ein Schnappen nach der lästigen »Fliege« aus, das wir wieder entsprechend belohnen. Das Nicken dauert meist etwas länger im Erlernen als das Schütteln. Wie beim Nein-Sagen reicht auch hier später ein Hinzeigen.

Teppich ausrollen

Beim Teppich ausrollen bedienen wir uns am Besten der Leckerli-Methode. Wir rollen einen nicht zu langen Läufer aus und platzieren darauf

Ja-Sagen lernt das Pferd durch Kitzeln an der Brust.

eine Leckerlistraße. Anfangs die Leckerli durchaus ziemlich dicht legen, die Pferdenase Richtung Leckerli locken und das Pferdchen die Straße entlang fressen lassen. Der Vierbeiner wird diese Übung lieben! Danach das Ende des Teppichs mit den Leckerli ein Stück einrollen, und schon schubst das Pferd den Teppich an und rollt ihn aus.

Beim nächsten Schritt reduzieren wir die Leckerli, verlängern den Abstand zwischen den Belohnungshappen und rollen den Teppich immer weiter ein, bis zum Schluss der komplett eingerollte

Jetzt kann es losgehen zum Einkaufen!

Teppich ausgerollt wird und nur noch ein Leckerli am Endstück des Teppichs liegt.

Korb tragen

Nicht jedes Pferd nimmt gerne Dinge ins Maul, aber wenn man so ein Tierchen hat, das sowieso alles und jedes mit dem Maul untersuchen will, dann kann man das auch in geregelte Bahnen lenken.

Für den Anfang müssen wir dem Pferd begreiflich machen, was wir von ihm wollen. Dazu nehmen wir einen möglichst weichen Korb mit angenehm zu packendem Henkel, z. B. lederumwickelt oder mit Stoff überzogen, und halten ihn dem Pferd einfach vor die Nase. Jetzt folgt ein vorsichtiges Knabbern, manchmal auch schon ein Hineinbeißen, das wir sofort mit Lob und Leckerli belohnen.

Im weiteren Verlauf belohnen wir nur noch eine Verstärkung, also z. B. wenn das Pferd in den Henkel beißt und auch etwas festhält. Mit dem Kommando »Aus« dann aus dem Maul nehmen und belohnen. Den Zeitpunkt bis zum »Aus«-Kommando dann langsam immer weiter ausdehnen.

Apportieren

Das Apportieren lernen Pferde, die bereits gelernt haben, Dinge ins Maul zu nehmen und festzuhalten, recht leicht. Dafür stellt man den zu apportierenden Gegenstand, z. B. den bekannten Korb auf den Boden und lässt ihn das Pferd selber aufheben. Wie immer viel loben und belohnen. Im weiteren Verlauf stellen wir den Korb wieder ein Stück weg, lassen ihn vom Pferd aufnehmen, loben es und ziehen es dann mit dem Kommando »Bring« mit dem Führstrick langsam zu uns

Dusty geht das Pferdchen apportieren – wenn nicht ein anderer schneller ist!

her oder locken es mit einem Leckerli an, wenn es kein Halfter trägt. Mit der Zeit verlängern wir die Wegstrecke zum Zurückbringen. Später können wir auch ein Wegwerfen des Gegenstandes mit einbauen, wie vorher, anfangs ein kleines Stück, dann immer weiter.

Balancieren

Das Balancieren auf einem Kantholz ist eine ganz besondere Übung, die auch besondere Anforderungen an die Geschicklichkeit des Pferdes stellt. Am besten eignet sich hier ein ca. 2 m langes Stück Holz mit den Maßen 8 x 10 cm, bei dem die

Winken mit einem Tuch – für Pferde, die gern Dinge ins Maul nehmen und das Ja-Sagen beherrschen, kein Problem.

breitere Seite gut auf dem Boden aufliegt und so weniger kippanfällig ist. Das Kantholz wird zwischen die Vorderbeine des Pferdes gelegt. Wir stellen uns davor und touchieren ein Vorderbein zum Beinheben. Natürlich weiß das Pferd nicht genau, was wir nun von ihm wollen, aber vorgebildet durch die Arbeit an den Zirkuslektionen wird es versuchen herauszufinden, was das soll. Wenn es nun beim Heben, Abstellen, Hochhalten des Beines, oder was auch immer es nun versucht, den Huf zufällig auf der Holzstange abstellt, dann sofort ausgiebig loben und belohnen! Nach einigen Versuchen wird es begreifen, was wir Seltsames von ihm wollen.

Das ist natürlich noch kein Balancieren, denn dafür brauchen wir mindestens ein zweites Bein auf der Stange. Hierfür muss das Pferd das Bein schon auf der Stange stehen lassen, damit wir nun das zweite Bein touchieren können und es dieses vor das andere auf die Stange setzt.

Das Endziel ist, dass das Pferd die Vorderbeine vorsichtig voreinander auf die Stange setzt und so über die Stange läuft. Mit den Hinterbeinen läuft es neben der Stange her. Wie immer führen auch hier buchstäblich kleine Schritte zum Erfolg.

Winken mit einem Tuch

Für diese Übung verbinden wir die Übungen »Gegenstand halten« und »Ja-Sagen« miteinander. Das dürfte nach den bisherigen Erfahrungen kein Problem mehr sein!

6

Die Übungen mit Reiter

6. Die Übungen mit Reiter

Das Kompliment

Sobald das Kompliment gut funktioniert und das Pferd schön im Gleichgewicht ist, können wir versuchen, es auch unter dem Reiter abzurufen. Es ist hier von Vorteil, wenn wir einen Helfer haben, der weiß, wie er beim Kompliment touchieren muss.

Als Reiter touchieren wir das ganze Bein des Pferdes und geben gleichzeitig das Wortkommando »Kompliment«. Im besten Fall geht das Pferd sofort ins Kompliment und bleibt auch unten.

Auch wenn das Pferd unten ist, sollte man sich nicht auf die jetzt abgesenkte Seite lehnen, sondern gerade sitzen bleiben.

Das Liegen

Das Liegen oder besser gesagt das Hinlegen mit Reiter sollte erst geübt werden, wenn wir uns bereits auf das liegende Pferd setzen können.

Sobald das Pferd ruhig liegt und auf unser Kommando zum Aufstehen wartet, können wir

---

Wichtig!

Beim Touchieren von oben nicht zu weit nach unten schauen und auch den Körper nicht zu sehr auf die Seite des abgewinkelten Beins lehnen! Das würde das Pferd aus dem Gleichgewicht bringen.

Wenn das Pferd etwas ratlos auf unsere meist ungenaue Hilfe reagiert, dann ist es am besten, wenn der Helfer vom Boden aus das gewohnte Kommando mit der Gerte noch zusätzlich gibt, bis das Pferd sich an die neue Situation mit Reiter gewöhnt hat.

Danach touchiert wieder der Reiter und der Helfer überwacht das Touchieren und sagt dem Reiter, ob er das Bein auch gut trifft. Von oben ist das schwer zu erkennen.

Das Bein wird von oben touchiert, um dem Pferd das Signal für das Kompliment zu geben.

uns auch auf das liegende Pferd setzen. Zuerst setzen wir uns mit beiden Beinen auf der Rückenseite seitlich auf das Pferd. So können wir jederzeit vom Pferd gleiten, wenn es sich erschrecken und aufspringen sollte.

Beim nächsten Schritt sitzen wir richtig auf. Sollte das Pferd aufstehen wollen, lassen wir das zu und steigen vorher ab. Wenn das Pferd ruhig bleibt, dann belohnen wir es im Liegen. Anschließend steigen wir ab, belohnen es noch einmal und lassen es möglichst noch ein Weilchen liegen. Es soll unser Absteigen nicht mit sofortigem Aufstehen in Verbindung bringen.

Zum Ablegen unter dem Reiter holen wir uns wieder einen Helfer, der das gewohnte Kommando vom Boden aus gibt. Wenn das Pferd schon genug Sicherheit und Gleichgewicht gewonnen hat, wird es sich ruhig ablegen. Ohne Helfer geht es später natürlich auch, doch am Anfang ist es leichter, wenn die bekannte Hilfe noch von unten kommt. Um es dann auch ohne Helfer abrufen zu können, sollte das Ablegen schon sehr gut auf das Wortkommando konditioniert sein. Oft klappt es dann gleich ohne Gertenhilfe.

Wenn das nicht der Fall ist, hilft eine lange Gerte mit Schlag, mit der wir beide Vorderbeine touchieren können. Dazu geben wir das bereits bekannte Kommando »Down«. Anfangs ist auch beim Versuch von oben ein Helfer praktisch, der einfach sagt, ob wir das Pferd richtig touchieren. Mit der Zeit reicht dann ein Wedeln mit der langen, später auch kürzeren Gerte, um das Pferd zum Abliegen zu bringen.

Beim Aufstehen mit Reiter sollte ein Helfer das Pferd am Strick halten, damit es nicht erschrickt

> ### Wichtig!
>
> *Der Reiter sollte darauf achten, dass er gut im Gleichgewicht bleibt. Wenn das Pferd sich nicht ablegt, dann bitte nicht unnötig forcieren, sondern es einfach später wieder versuchen. Irgendwann ist der richtige Zeitpunkt da.*

und eventuell davonstürmt. Später ist das natürlich nicht mehr nötig. Nach dem Aufstehen sollten wir ihm von oben auch ein Leckerli reichen. Allein das veranlasst das Pferd schon, stehenzubleiben und auf die Belohnung zu warten.

> ### Wichtig!
>
> *Das Aufstehen erfolgt oft sehr ruckartig. Darauf muss sich der Reiter gut einstellen.*

Der Spanische Schritt

Der Spanische Schritt unter dem Sattel ist eine besondere Herausforderung. Voraussetzung ist natürlich wieder, dass es vom Boden schon gut klappt, bevor wir das Pferd auch noch mit einem Reiter belasten.

Als Zäumung können wir weiter ein Halfter oder auch eine einfache Trense benutzen. Zuerst versuchen wir den Spanischen Gruß von oben auszulösen, indem wir Schulter und Oberarm des

Pferdes touchieren. Dazu nehmen wir die Hand etwas höher und halten gleichzeitig den Zügel in dieser Hand. Beim Touchieren vibrieren wir etwas mit dem Zügel, was später ein weiteres Zeichen für das Pferd wird. Wenn das auf beiden Seiten gut klappt und das Pferd zuverlässig das Bein hebt, können wir in die Bewegung übergehen.

Wenn das Pferd so nicht reagiert, dann kann ein Helfer vom Boden aus weiterhelfen, der die dem Pferd bekannten Hilfen zusätzlich gibt, der Ein-fachheit für das Pferd halber am besten von vorne. Sollte das Pferd in der Vorwärtsbewegung stocken, dann kann der Helfer auch noch einen Führstrick am Halfter einhaken und das Pferd etwas nach vorne ziehen.

In der Bewegung können wir die Hilfen mit der Gerte wechselseitig geben, wobei ein schneller Wechsel von einer in die andere Hand erforderlich ist, oder mit zwei Gerten arbeiten. Die erhobene vibrierende Hand als zusätzliche Hilfe soll später die Gerten ersetzen.

Beim Aufstehen etwas nach vorne beugen und sich auf eine ruckartige Bewegung gefasst machen.

> **Wichtig!**
>
> *In der Bewegung ist nicht nur die Gerten-*
> *und Zügelhilfe wichtig, sondern auch die*
> *Schenkelhilfe des Reiters, die die Hinter-*
> *hand fordert.*

Zum Auslösen des Spanischen Schritts links durch den Reiter heben wir also die linke Hand, vibrieren leicht mit dem Zügel – touchieren even-tuell noch mit der Gerte die linke Schulter – und geben Druck mit dem leicht zurückgelegten rechten Schenkel, damit die rechte Hinterhand gut untertritt. Der linke Schenkel bleibt ohne Druck zu machen ruhig am Pferd liegen.

Je besser und leichter das Pferd reagiert, desto unsichtbarer können die Hilfen werden. Es ist keineswegs notwendig, übertriebene Hilfen zu geben.

Auch hier sollte man klein anfangen und nicht zu viele Schritte auf einmal fordern. Das Pferd muss sich selber und den Reiter ausbalancieren – das ist keine einfache Aufgabe!

Der Spanische Schritt unter dem Reiter erfordert gutes Gleichgewicht.

7 Freiarbeit

7. Freiarbeit

Die Freiarbeit mit Pferden ist sicher das Highlight im Umgang und Training mit unseren vierbeinigen Partnern. Gerade bei den Zirkuslektionen bietet es sich natürlich an, das Ganze auch einmal ohne alles zu probieren, und es spricht auch nichts dagegen. Wenn die Übungen bereits gut sitzen, ist das eine schöne Art zu prüfen, ob das Pferd wirklich gern bei der Sache ist.

> ### Wichtig!
>
> *Wenn wir das Pferd frei arbeiten, sollten wir das natürlich auf einem umzäunten Platz tun und nicht in Gegenwart von anderen Pferden, zu denen unser Pferd hinlaufen könnte. Das Gleiche gilt auch für das Reiten ohne Zaum.*

Über die Freiarbeit und auch das Reiten ohne Zaum könnte man ein eigenes Buch schreiben, darum hier nur einige allgemeine Hinweise.

Freiarbeit am Boden

Bevor wir dem Pferd auch das Halfter abnehmen, sollte es zuerst alle Übungen bereits am langen durchhängenden Führseil gut machen und aufmerksam bei uns bleiben. Auch die Führübungen wie Anhalten, Antreten, Volten und Kurvenlaufen sollten bereits gut am losen Strick absolviert werden. Sehr von Vorteil ist es natürlich, wenn das Pferd gut im Appell steht und gleich kommt, wenn wir es rufen.

Wenn das alles gut klappt, dann ist es auch gar keine große Sache mehr, wenn wir nun den Führstrick ganz abmachen und später auch das Halfter.

Sollte es einmal nicht funktionieren und das Pferd von uns weggehen, dann können wir uns interessant machen, indem wir in der Leckerlitasche wühlen. Kommt das Pferd daraufhin, nutzen wir die Gelegenheit, geben das Kommando zum Kommen und belohnen.

> ### Wichtig!
>
> *Niemals strafen, wenn das Pferd weggeht! Vielmehr sollten wir dann überlegen, ob wir vielleicht bei der geforderten Übung zu viel Druck gemacht haben.*

Am Strick übersieht man leicht, dass man mit zu viel Druck arbeitet. In der Freiarbeit hat das Pferd die Möglichkeit, sich zu entziehen. Kommt es nicht, dann holen wir es einfach ganz ruhig, machen eine einfache Übung, die das Pferd mag, und loben. Das Pferd soll sich in unserer Gegenwart wohl fühlen und gerne bei uns bleiben.

Die Distanz zum Pferd wird nur langsam vergrößert, so dass wir am Anfang immer noch direkt auf das Pferd einwirken können. Um das Kompliment und auch andere Lektionen auch aus größerer Entfernung abrufen zu können, ist es not-

Einmal »ohne alles«: Freiarbeit ist ein guter Gradmesser dafür, ob die Pferde auch ohne Strick und Halfter vertrauensvoll und freudig mitarbeiten.

Spanischer Gruß, Liegen und Flachliegen – alles ohne Hilfsmittel.

wendig, das Pferd gut auf das Wortkommando zu konditionieren und die starken Hilfen schrittweise zu reduzieren. Das wird nicht bei jedem Pferd und nicht in jeder Tagesform klappen, doch es ist die Mühe auf jeden Fall wert, wenn dann eines Tages alles stimmt.

Reiten ohne Sattel und Zaum

Zum Abschluss gibt es noch ein paar Tipps zum Reiten ohne Sattel und Zäumung. Wenn wir das probieren wollen, dann geht es am besten wieder mit unseren bewährten kleinen Schritten.
Zuerst sollten wir es einmal ohne Sattel versuchen. Das muss natürlich nicht gleich im Galopp losgehen, sondern gemütlich im Schritt. Wer unsicher ist, kann sich beim ersten Versuch durchaus auch führen oder sich an die Longe nehmen lassen.

> ### Tipp!
>
> *Das Pferd führen lassen und einfach mal die Augen zumachen, sich tragen lassen und nur fühlen! Unser Gehirn hat sehr viele Eindrücke zu verarbeiten, wenn wir unseren Sehsinn ausschalten.*

Nach und nach kann man dann die anderen Gangarten ausprobieren. Hier hilft es, sich auf sein Gefühl zu verlassen, locker zu bleiben und nicht zu klammern.

Beim Reiten ohne Zaum fangen wir auch ganz klein an. Ob mit oder ohne Sattel bleibt jedem

selber überlassen. Als ersten Schritt nehmen wir ein Stall- oder Knotenhalfter zusätzlich zur Trense, legen die Trensenzügel als Sicherheit auf den Hals und nehmen die Zügel des Halfters. Jetzt probieren wir zuerst einmal aus, wie das Pferd überhaupt auf eine Zäumung, die auf die Nase wirkt – und das ist auch ein Stallhalfter durchaus – reagiert. Im Prinzip können wir das Halfter ähnlich verwenden wie die Trense. Zuerst lehren wir das Pferd, auf den beidseitigen Zug am Zügel nachzugeben. Gerade hier ist besondere Achtsamkeit des Reiters gefragt. Wir bauen mit beiden Händen Druck am Zügel auf und achten auf das kleinste Nachgeben von Seiten des Pferdes. Auf ein Nachgeben, und sei es noch so gering, erfolgt sofortiges Nachlassen des Drucks. Nach einigen Wiederholungen wird das Pferd sofort auf das Annehmen nachgeben und genau diese weiche Reaktion brauchen wir für das wichtige Anhalten.
Zum Anhalten geben wir wieder mit beiden Zügeln einen leichten Impuls, kippen das Becken ab und atmen gut aus. Wird das Pferd daraufhin langsamer, sofort nachgeben. Wenn es nicht zum Stehen kommt, das Ganze einfach wiederholen. Wichtig ist nur, dass wir am Halfter nicht ins Ziehen kommen. Das Pferd ist stärker! Am Anfang gibt es nach dem Anhalten auch mal ein Leckerli.
Auch beim Abwenden bleiben wir bei den impulsartigen Hilfen und wenden uns mit dem Körper in die neue Richtung. Das Pferd wird folgen.
Die zusätzliche Trense am Kopf soll einfach nur Sicherheit für den Reiter vermitteln. Wenn das Pferd anders als erwünscht reagiert, dann hat man die bekannten Hilfen noch zur Verfügung. Später wird dann nur noch das Halfter mit Zügel verwendet.

Reiten mit Halfter – man kann es am Anfang natürlich etwas gemütlicher angehen lassen.

Am Knotenhalfter und ohne Sattel auch über Stangen – dazu muss die Kommunikation zwischen Mensch und Pferd wirklich stimmen.

Zum punktgenauen Durchparieren nur mit Strick um den Hals müssen alle Körperhilfen des Reiters exakt zusammenwirken.

Reiter, die ihren Pferden beigebracht haben, auf Stimme zu hören und beim Anhalten »Halt«, »Steh«, »Whoa« oder ähnliches sagen, sind hier natürlich im Vorteil. Gibt es etwas Schöneres, als nur mit Stimme zu reiten? Auch auf Turnieren lässt sich das gut einbauen, und kein Richter der Welt wird ein geflüstertes »Halt« hören. Vom Boden aus wird die Stimme von den meisten Reitern eingesetzt, beim Reiten ist das leider noch oft verpönt. Eigentlich schade, oder was

spricht dagegen, wenn das Pferd sich auf »Zurück«, »Back« rückwärtsrichten lässt, statt Druck im Maul ausüben zu müssen? Die Stimmhilfe ist eine unserer wichtigsten Reiterhilfen.

Wenn das gut funktioniert, legen wir ein Seil um den Hals des Pferdes und die Halfterzügel auf den Hals. Die Bedeutung des Seils muss das Pferd erst langsam kennenlernen und wie schon durch unser vorheriges Training bekannt, geben wir nun die bekannten Hilfen plus die Seilhilfen und reduzieren die Zügelhilfen einfach immer mehr. Mit dem Seil um den Hals wird das Pferd ähnlich wie beim Neck Reining des Westernreitens über Zügelanlehnung am Hals gelenkt. Das ist für die meisten Pferde und auch Reiter etwas völlig Neues und muss natürlich erlernt werden. Die bereits bekannten Halfterzügel und das Halfter bleiben noch am Pferd, um wenn nötig zur Verfügung zu stehen. Das Seil um den Hals sollte so lang sein, dass wir es gut mit beiden Händen greifen können und noch ein Stück übrig ist. Wir können es dazu zusammenknoten oder offen lassen, je nachdem, was angenehmer ist. Wie immer ist das Allerwichtigste das Anhalten. Die Körperhilfen wie Becken abkippen und Ausatmen bleiben natürlich gleich, nur dass der Zug am Zügel nun auf den Unterhals erfolgt. Wieder ist es wichtig, dass wir nicht in Versuchung kommen, uns auf ein Tauziehen mit dem Pferd einzulassen. Gerade am Unterhals ist es garantiert stärker. Anfangs erfolgt die bekannte Hilfe mit den Zügeln am Halfter und der leichte impulsartige Zug am Seil um den Hals gleichzeitig. Dann übernimmt das Seil immer mehr die wichtigere Rolle, bis wir die Halfterzügel schließlich ganz weglassen. Das Seil dabei bis zur Kehle hochzuziehen erhöht zwar die Wirkung, da das Pferd dort empfindlicher reagiert, ich persönlich halte das aber nur im Notfall für angemessen. Meistens reißen die Pferde dann auch den Kopf hoch und drücken den Rücken weg, und so sollte man natürlich nicht anhalten. Ab und zu ein Leckerli nach dem Anhalten erhöht die Wirkung auch ganz gut.

Beim Abwenden nehmen wir das Seil beidhändig und führen beide Hände in die Richtung, in die wir abwenden wollen. Gleichzeitig schauen wir dahin, wo wir hinreiten wollen. Dabei legt sich

Wichtig!

Das Seil sollte immer locker um den Hals liegen und nur gestrafft werden, wenn wir etwas von unserem Pferd wollen. Erst wenn wir uns auf dem Pferd sicher fühlen und es gut reagiert, können wir das Halfter ganz weglassen.

der äußere Zügel an den Hals und die innere Seite wird frei. Das hat den positiven Nebeneffekt, dass auch unser Körper schon in die neue Richtung kommt. Wenn das Pferd darauf noch nicht wie gewünscht reagiert, nehmen wir den direkten Halfterzügel noch mit dazu, um dem Pferd den richtigen Weg zu weisen.

Wenn das Pferd immer besser und feiner auf das Seil reagiert, dann können wir das Seil auch in eine Hand nehmen.

Auch das Reiterbein kann als Hilfe verwendet werden. Das Pferd soll lernen, dass Schenkeldruck nicht immer nur vorwärts und schneller bedeutet, sondern eben auch abwenden. Hier zeigen sich die Pferde oft verwirrt, speziell wenn sie nicht in der Westernreitweise geritten werden, und verstehen den Schenkeldruck eher als Signal zum Schnellerwerden und nicht als lenkende Hilfe. Ziehen an den Zügeln oder am Halsseil nutzt da wenig. Haben Pferde gelernt, auf diesen Druck zu weichen und dabei keinen Stress zu entwickeln, werden sich auch beim Reiten mit Zäumung Verbesserungen einstellen. Sollte das Pferd statt zu wenden, nur schneller

So frei wie möglich: Nur mit einem Strick um den Hals geht es im Galopp durch den Schnee.

nach vorne gehen, nimmt man die Zügel auf, lenkt, bleibt dabei aber mit dem Bein dran, damit das Pferd lernt zu weichen. Wichtig ist dabei, dass kein Gegendruck des anderen Reiterbeines kommt. Ebenso darf der Reiter nicht anfangen, mit beiden Beinen zu klammern. Das führt zu Missverständnissen. Eigene Körperkontrolle ist hier angesagt.

Ein Beispiel: Wir wollen nach links reiten, drehen uns in die Richtung, legen das Seil an die rechte Halsseite des Pferdes und geben Druck mit der rechten Wade. Das linke Reiterbein ist vom Pferdekörper weg, hängt lose herab und lässt dem Pferd somit »Platz«, um in diese Richtung zu gehen.

Wichtig!

Erst wenn wir uns ganz sicher fühlen, nehmen wir die Zügel weg und später dann auch das Halfter. Als zusätzliche Bremshilfe und Motivation kann man dem Pferd nach dem Stoppen öfter mal ein Leckerli reichen. Das Reiten ohne Halfter und Zaum sollte aus Sicherheitsgründen immer in einem gut eingezäunten Bereich geübt werden und unbedingt dem jeweiligen Ausbildungsstand von Pferd und Reiter angepasst werden.

Nachwort

Zum Schluss noch einige Worte zur Zusammenarbeit von Mensch und Tier. Jeder Reiter ist für sein Pferd selbst verantwortlich und auch dafür, was mit seinem Pferd gemacht wird. Das gilt beim Training mit dem eigenen Pferd, aber auch wenn wir mit einem Trainer arbeiten. Ein guter Trainer sollte immer für uns verständlich erklären können, warum er was mit einem Pferd macht. Und diese Erklärung sollte uns auch zufriedenstellen, so dass wir mit gutem Gefühl unser Pferd so arbeiten können und wollen.

Diese Anleitungen sind keine Gebrauchsanweisung, denn jedes Pferd ist ein eigenständiges Lebewesen und reagiert auf seine ebenso eigene Art und Weise.

Daher kann die Verfasserin auch keine Haftung oder Garantie übernehmen, wenn mit den Anleitungen in diesem Buch gearbeitet wird. Ich habe versucht, die Übungen mit dem größtmöglichen Respekt vor dem Partner Pferd zu erklären, der freudig und freiwillig mit uns zusammenarbeiten sollte.

Das Reiten ohne Sattel und Zaumzeug ist ein toller Vertrauensbeweis und trägt sehr zu einem harmonischerem Verhältnis der beiden Partner bei. Allerdings sollte dabei die Sicherheit nicht vernachlässigt werden. Also immer in einem umzäunten Bereich üben. Das Gleiche gilt für das freie Arbeiten mit dem Pferd, was natürlich die allerschönste Art darstellt, sich mit seinem freiwillig mitarbeitendem Pferd zu beschäftigen.

Unser Endziel sollte immer sein, mit so wenig Hilfen wie möglich auszukommen und das wird auch gelingen, wenn wir uns mit kleinen Schritten diesem Ziel annähern.

Mein besonderes Highlight ist immer, wenn ich mit den Pferden auf dem offenen Platz arbeite, auf dem sie sich jederzeit Richtung Stall entziehen könnten, aber die Drei lieber darum wetteifern, wer als Erster dran ist und sein Können zeigen darf.

Und nun wünsche ich viel Spaß beim Trainieren!

Dank

Für die Mithilfe bei diesem Buch möchte ich besonders Manuela Wenig (Bild unten) danken, die viele der Fotos gemacht hat und mit ihrem Araber Sheetan auch eine sehr erfolgreiche Schülerin ist. Die Beiden waren auch schon mit Vorführungen erfolgreich. Vielen Dank auch an Sabine Schmidhammer, vielseitig interessierte Westernreitinstruktorin, für das mehrfache Korrekturlesen und die vielen wertvollen Tipps.

Monika Hannawacker war schon als Kind von Pferden fasziniert und konnte es kaum erwarten, sich ihr erstes eigenes Pferd zu kaufen. Als sie 19 war, zog der junge Warmblutwallach Furino bei ihr ein, mit dem sie in Dressur und Springen aktiv war. Nach Furinos Tod kam Appaloosa Cisco und damit auch eine verstärkte Orientierung Richtung Westernreiten. Mit Cisco konnte sie 2005 den Europameistertitel und Deutschen Meistertitel der Appaloosas in der Disziplin Trail erringen. Alle ihre Appaloosas sind vielseitig in der Westernreit- weise ausgebildet, wobei sie auch klassische Ele- mente einbaut. Auch mit den Zirkuslektionen hatte sie immer mehr Erfolg mit kleinen Vorfüh- rungen. Heute gibt sie nebenberuflich Kurse zum Thema Zirkuslektionen, wobei ihr besonders der partnerschaftliche und faire Umgang mit dem Pferd wichtig ist.

Mehr Infos: www.zirkuslektionen-mit-pferden.de

Unsere Erfolgsreihen auf einen Blick

Die Reitschule (Auswahl)

Urte Biallas, **Bodenarbeit**, ISBN 978-3-275-01708-9
Kerstin Diacont, **Horsemanship-Training**, ISBN 978-3-275-02058-4
Kerstin Diacont, **Klassische Arbeit an der Hand**, ISBN 978-3-275-02125-3
Kerstin Diacont, **Seitengänge für feines Reiten**, ISBN 978-3-275-02137-6
Kerstin Diacont, **Richtig Schritt reiten**, ISBN 978-3-275-02225-0
Kerstin Diacont, **Den Trab richtig reiten**, ISBN 978-3-275-02241-0
Kerstin Diacont, **Den Galopp richtig reiten**, ISBN 978-3-275-02273-1
Monika Hannawacker, **Zirkuslektionen**, ISBN 978-3-275-01831-4
Monika Hannawacker, **Reiten mit Halsring und gebisslosen Zäumungen**, ISBN 978-3-275-02288-5
Andrea Lipp, **Arbeit am Langen Zügel für Einsteiger**, ISBN 978-3-275-02226-7
Britta Schön, **Fit für die A-Dressur**, ISBN 978-3-275-02059-1
Sabine Schweickert, **Fahren für Einsteiger**, ISBN 978-3-275-02169-7
Viviane Theby, **So lernen Pferde**, ISBN 978-3-275-02081-2
Sigrid Weppelmann/Sandra Mensmann, **Longieren**, ISBN 978-3-275-01727-0
Inga Wolframm, **7 Schritte zum angstfreien Reiten**, ISBN 978-3-275-02054-6
Inga Wolframm, **Springen für Einsteiger**, ISBN 978-3-275-02242-7

Die Hundeschule (Auswahl)

Annegret Bangert, **Begleithund-Prüfung**, ISBN 978-3-275-02179-6
Petra Krivy/Angelika Lanzerath, **Was ein Welpe lernen muss**, ISBN 978-3-275-02292-2
Petra Krivy/Angelika Lanzerath, **Hunde verstehen**, ISBN 978-3-275-02116-1
Petra Krivy/Angelika Lanzerath, **Einfach gut erzogen**, ISBN 978-3-275-02082-2
Petra Krivy/Angelika Lanzerath, **Mein Hund im Flegelalter**, ISBN 978-3-275-02115-4
Monika Schaal/Ursula Daugschieß-Thumm, **Lockere Leine**, ISBN 978-3-275-02161-1
Monika Schaal/Petra Rammelsberger, **Bodenarbeit mit Hunden**, ISBN 978-3-275-02158-1
Monika Schaal, **Der Weg zum aufmerksamen Hund**, ISBN 978-3-27502201-4
Julia Schuster/Jochen Schleicher, **Dog Frisbee**, ISBN 978-3-275-01755-3
Karen Uecker, **Hunde spielend motivieren**, ISBN 978-3-275-01998-4
Manuela van Schewick, **Apportieren mit Spaß**, ISBN 978-3-275-01754-6

happy cats

Dayana Winkler, **Katzen-Tricks mit Clicker**, ISBN 978-3-275-01999-1

Jedes Buch mit 96 Seiten,
ca. 80 Abb., broschiert,
ab € 11,95 / € (A) 12,40

Weitere interessante Bücher von Monika Hannawacker

Monika Hannawacker
Freude an Zirkuslektionen für Pferde
Fitness für Körper und Kopf
176 Seiten, 200 Bilder,
ISBN 978-3-275-02268-7
€ 24,90 / € (A) 25,60
Zirkuslektionen bieten vielseitige Möglichkei-ten, Pferde zu beschäftigen und zu trainieren. Dieses Buch erläutert, wie Reiter und Pferd die einzelnen Lektionen erlernen können, welches Zubehör gebraucht wird und was die Übungen für das Pferd bedeuten. Dazu gibt es Praxisbei-spiele und Video-Clips.

Monika Hannawacker
Zirkus-Tricks & Freiarbeit
96 Seiten, 80 Bilder
ISBN 978-3-275-02012-6
€ 13,95 / € (A) 14,35
Monika Hannawacker beschreibt in diesem Buch die Grundlagen der Freiarbeit von gezielten Führ-übungen über das Herankommen bis zum freien Folgen. Außerdem erläutert sie, wie man seinem Pferd kleine Showtricks beibringen kann – dazu gehören Gähnen, Lachen, Zunge zeigen, Apportie-ren, Teppich ausrollen oder Beine kreuzen.

Monika Hannawacker
Reiten mit Halsring und gebisslosen Zäumungen
96 Seiten, 80 Bilder
ISBN 978-3-275-02288-5
€ 13,95 / € (A) 14,35
Welcher Reiter träumt nicht davon, mit seinem Pferd ohne Zaumzeug und in völliger Einheit frei über eine Wiese zu galoppieren? Genau diesen Traum verkörpert das Reiten mit Halsring. In diesem Buch wird nicht nur die Vorbereitung für das feine Reiten mit gebisslosen Zäumungen und Halsring beschrieben, sondern auch der Weg zu einem sicheren Geländepferd.

Änderungen in Preis und Lieferfähigkeit vorbehalten
Überall, wo es Bücher gibt oder www.mueller-rueschlikon.de · Service-Hotline 0711-78 992 151